JN417826

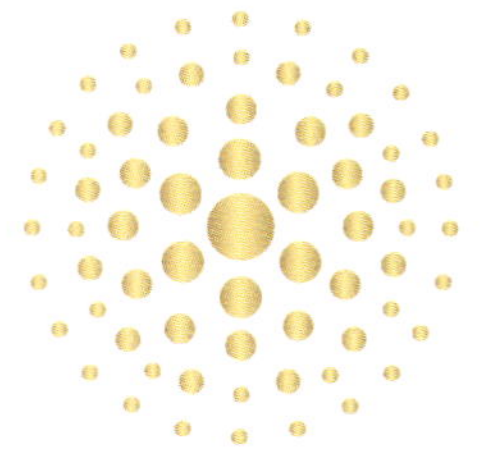

바로보인

전傳 등燈 록錄

9

농선 대원 역저

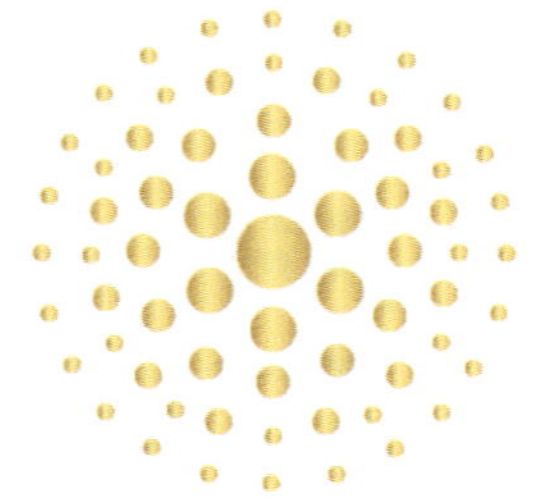

이 원상은 농선 대원 선사님께서 직접 그리신 것으로 모든 불성이 서로 상즉해 공존하는 원리를 담은 것이다.

선 심(禪心)

누리 삼킨 참나를
낙화(落花)로 자각(自覺)
떨어지는 물소리로 웃고 가는 길
돌에서 꽃에서도 님이 맞는다

정맥 선원의 문젠 마크는 농선 대원 선사님께서 마음을 상징하는 달(moon)과 그 마음을 깨달아 마음이 내가 된 삶인 선(zen)을 평화의 상징인 비둘기로 형상화하신 것이다.

교조 석가모니 부처님과
부처님으로부터 직계로 내려온
불조정맥 78대 조사들의
진영과 전법게

불조정맥

불조정맥이란 석가모니 부처님으로부터 현 78대 조사에 이르기까지 스승에게 깨달음의 인증인 인가를 받아 법을 전하라는 부촉을 받은 전법선사의 맥이다. 여기에 실린 불조진영과 전법게는 농선 대원 선사님께서 다년간 수집 정리하여 기도와 관조 끝에 완성하여 수립하신 것이다. 각 선사의 진영과 함께 실린 전법게는 스승으로부터 직접 전해 받은 게송이다. 단, 석가모니 부처님 진영에 실린 게송은 석가모니 부처님의 게송이다.

교조 석가모니 부처님

환화라고 하는 것 근본 없어 생긴 적도 없어서	幻化無因亦無生
모두가 스스로 이러-해서 본다 함도 이러-하네	皆則自然見如是
모든 법도 스스로 화한 남, 아닌 것이 없어서	諸法無非自化生
환화라 하지만 남이 없어 두려워할 것도 없네	幻化無生無所畏

제1조 마하가섭 존자

법이라는 본래 법엔 법이랄 것 없으나	法本法無法
법이랄 것 없다는 법, 그 또한 법이라	無法法亦法
이제 법이랄 것 없음을 전해줌에	今付無法時
법이라는 법인들 그 어찌 법이랴	法法何曾法

제2조 아난다 존자

법이란 법 본래의 법이라	法法本來法
법도 없고 법 아님도 없으니	無法無非法
어떻게 온통인 법 가운데	何於一法中
법 있으며 법 아닌 것 있으랴	有法有非法

제3조 상나화수 존자

본래의 법 전함이 있다 하나	本來付有法
전한 말에 법이랄 것 없다 했네	付了言無法
각자가 스스로 깨달으라	各各須自悟
깨달으면 법 없음도 없다네	悟了無無法

제4조 우바국다 존자

법 아니고 마음도 아니어서	非法亦非心
맘이랄 것, 법이랄 것 없나니	無心亦無法
마음이다, 법이다 설할 때는	說是心法時
그 법은 마음법이 아니로다	是法非心法

제5조 제다가 존자

마음이란 스스로인 본래의 마음이니	心自本來心
본래의 마음에는 법 있는 것 아니로다	本心非有法
본래의 마음 있고 법이란 것 있다 하면	有法有本心
마음도 아니요 본래 법도 아니로다	非心非本法

제6조 미차가 존자

본래의 마음법을 통달하면　通達本心法
법도 없고, 법 아님도 없도다　無法無非法
깨달으면 깨닫기 전과 같아　悟了同未悟
마음이니, 법이니 할 것 없네　無心亦無法

제7조 바수밀 존자

맘이랄 것 없으면 얻음도 없어서　無心無可得
설함에 법이라 이름할 것도 없네　說得不名法
만약에 맘이라 하면 마음 아님 깨달으면　若了心非心
비로소 마음인 마음법 안다 하리　始解心心法

제8조 불타난제 존자

가없는 마음으로　心同虛空界
가없는 법 보이니　示等虛空法
가없음을 증득하면　證得虛空時
옳고 그른 법이 없다　無是無非法

제9조 복타밀다 존자

허공이 안팎 없듯　虛空無內外
마음법도 그러하다　心法亦如此
허공이치 요달하면　若了虛空故
진여이치 통달하네　是達眞如理

제10조 파율습박(협) 존자

진리란 본래에 이름할 수 없으나　眞理本無名
이름에 의하여 진리를 나타내니　因名顯眞理
받아 얻은 진실한 법이라고 하는 것　受得眞實法
진실도 아니요, 거짓도 아니로세　非眞亦非僞

제11조 부나야사 존자

참된 몸 스스로 이러-히 참다우니 眞體自然眞
참됨을 설함으로 인해 진리란 것 있다 하나 因眞說有理
참답게 참된 법을 깨달아 얻으면 領得眞眞法
베풀 것도 없으며 그칠 것도 없다네 無行亦無止

제12조 아나보리(마명) 존자

미혹과 깨침이란 숨음과 드러남 같다 하나 迷悟如隱顯
밝음과 어둠이 서로가 여읠 수 없는 결세 明暗不相離
이제 숨음이 드러난 법 부촉한다지만 今付隱顯法
하나도 아니요, 둘도 또한 아니로세 非一亦非二

제13조 가비마라 존자

숨었느니 드러났느니 하지만 본래의 법에는 隱顯卽本法
밝음과 어두움이 원래에 둘 아니라 明暗元不二
깨달아 마친 법을 전한다고 하지만 今付悟了法
취함도 아니요, 여읨도 아니로세 非取亦非離

제14조 나가르주나(용수) 존자

숨을 수도, 드러날 수도 없는 법이라 함 非隱非顯法
이것이 참다운 실제를 말함이니 說是眞實際
숨음이 드러난 법 깨달았다 하나 悟此隱顯法
어리석음도 아니요 지혜로움도 아니로다 非愚亦非智

제15조 가나제바 존자

숨었느니 드러났느니 하면 법에 밝다 하랴 爲明隱顯法
밝게 해탈의 이치를 설하려면 方說解脫理
저 법에 증득한 바도 없는 마음이어야 하니 於法心不證
성낼 것도 없으며 기쁠 것도 없다네 無嗔亦無喜

제16조 라후라타 존자

본래에 법을 전할 사람 대해	本對傳法人
해탈의 진리를 설하나	爲說解脫理
법엔 실로 증득한 바 없어서	於法實無證
마침도 비롯함도 없느니라	無終亦無始

제17조 승가난제 존자

법에는 진실로 증득한 바 없어서	於法實無證
취함도 없으며 여읨도 없느니라	不取亦不離
법에는 있다거나 없다는 상도 없거늘	法非有無相
안이니 밖이니 어떻게 일으키리	內外云何起

제18조 가야사다 존자

맘 바탕엔 본래에 남 없거늘	心地本無生
바탕의 인, 연을 좇아 일으키나	因地從緣起
연과 종자 서로가 방해 없어	緣種不相妨
꽃과 열매 그 또한 그러하네	華果亦復爾

제19조 구마라다 존자

마음의 바탕에 지닌 종자 있음에	有種有心地
인과 연이 능히 싹 나게 하지만	因緣能發萌
저 연에 서로가 걸림이 없어서	於緣不相礙
마땅히 난다 해도 남이 남 아니로세	當生生不生

제20조 사야다 존자

성품에는 본래에 남 없건만	性上本無生
구하는 사람 대해 설할 뿐	爲對求人說
법에는 얻은 바 없거늘	於法既無得
어찌 깨닫고, 깨닫지 못함을 둘 것인가	何懷決不決

제21조　바수반두 존자

말 떨어지자마자 무생에 계합하면	言下合無生
저 법계와 성품이 함께 하리니	同於法界性
만일 능히 이와 같이 깨친다면	若能如是解
궁극의 이변 사변 통달하리	通達事理竟

제22조　마노라 존자

물거품과 환 같아 걸릴 것도 없거늘	泡幻同無礙
어찌하여 깨달아 마치지 못했다 하는가	如何不了悟
그 가운데 있는 법을 통달하면	達法在其中
지금도 아니요, 옛 또한 아니니라	非今亦非古

제23조　학륵나 존자

마음이 만 경계를 따라서 구르나	心隨萬境轉
구르는 곳마다 실로 능히 그윽함에	轉處實能幽
성품을 깨달아서 흐름을 따르면	隨流認得性
기쁠 것도 없으며 근심할 것도 없네	無喜亦無憂

제24조　사자보리 존자

마음의 성품을 깨달음에	認得心性時
사의할 수 없다고 말하나니	可說不思議
깨달아 마쳐서는 얻음 없어	了了無可得
깨달아선 깨달았다 할 것 없네	得時不說知

제25조　바사사다 존자

깨달음의 지혜를 바르게 설할 때에	正說知見時
깨달음의 지혜란 이 마음에 갖춘 바라	知見俱是心
지금의 마음이 곧 깨달음의 지혜요	當心卽知見
깨달음의 지혜가 곧 지금의 함일세	知見卽于今

제26조 불여밀다 존자

성인이 말하는 지견은	聖人說知見
경계를 맞아서 시비 없네	當境無是非
나 이제 참성품 깨달음에	我今悟眞性
도랄 것도, 이치랄 것도 없네	無道亦無理

제27조 반야다라 존자

맘 바탕에 참성품 갖췄으나	眞性心地藏
머리도, 꼬리도 없으니	無頭亦無尾
인연 응해 만물을 교화함을	應緣而化物
지혜라고 하는 것도 방편일세	方便呼爲智

제28조 보리달마 존자

마음에서 모든 종자 냄이여	心地生諸種
일(事)로 인해 다시 이치 나느니라	因事復生理
두렷이 보리과가 원만하니	果滿菩提圓
세계를 일으키는 꽃 피우리	華開世界起

제29조 신광 혜가 대사

내가 본래 이 땅에 온 것은	吾本來此土
법을 전해 중생을 구함일세	傳法救迷情
한 송이에 다섯 꽃잎 피리니	一花開五葉
열매 맺음 자연히 이뤄지리	結果自然成

제30조 감지 승찬 대사

본래의 바탕에 연 있으면	本來緣有地
바탕의 인에서 종자 나서 꽃핀다 하나	因地種華生
본래엔 종자가 있은 적도 없어서	本來無有種
꽃핀 적도 없으며 난 적도 없다네	華亦不曾生

제31조　대의 도신 대사

꽃과 종자 바탕으로 인하니　華種雖因地
바탕을 좇아서 종자와 꽃을 내나　從地種華生
만약에 사람이 종자 내림 없으면　若無人下種
남 없어 바탕에 꽃핀 적도 없다 하리　華地盡無生

제32조　대만 홍인 대사

꽃과 종자 성품에서 남이라　華種有生性
바탕으로 인해서 나고 꽃피우니　因地華生生
큰 연과 성품이 일치하면　大緣與性合
그 남은 나도 남 아니로세　當生生不生

제33조　대감 혜능 대사

정 있어 종자를 내림에　有情來下種
바탕 인해 결과 내어 영위하나　因地果還生
정이랄 것도 없고 종자랄 것도 없어서　無情旣無種
만물의 근원인 도의 성품엔 또한 남도 없네　無性亦無生

제34조　남악 회양 전법선사

마음의 바탕에 모든 종자 머금어져　心地含諸種
널리 비 내림에 모두 다 싹트도다　普雨悉皆生
단박에 깨달아 정을 다한 꽃피움에　頓悟華情已
보리의 과위가 스스로 이뤄졌네　菩提果自成

제35조　마조 도일 전법선사

마음의 바탕에 모든 종자 머금어져　心地含諸種
비와 이슬 만남에 모두 다 싹이 트나　遇澤悉皆萌
삼매의 꽃핌이라 형상이 없거늘　三昧華無相
무엇이 무너지고 무엇이 이뤄지랴　何壞復何成

제36조　백장 회해 전법선사

마음 외에 본래에 다른 법이 없거늘　心外本無法
부촉함이 있다 하면 마음법이 아닐세　有付非心法
원래에 마음법 없음을 깨달은　旣知非法心
이러-한 마음법을 그대에게 부촉하네　如是付心法

제37조　황벽 희운 전법선사

본래에 말로는 부촉할 수 없는 것을　本無言語囑
억지로 마음의 법이라 전함이니　强以心法傳
그대가 원래에 받아 지닌 그 법을　汝旣受持法
마음의 법이라고 다시 어찌 말하랴　心法更何言

제38조　임제 의현 전법선사

마음의 법 있으면 병이 있고　病時心法在
마음의 법 없으면 병도 없네　不病心法無
내 부촉한 마음의 법에는　吾所付心法
마음의 법 있는 것 아니로세　不在心法途

제39조　흥화 존장 전법선사

지극한 도는 간택함이 없으니　至道無揀擇
본래의 마음이라 향하고 등짐이 없느니라　本心無向背
이 같음을 감당해 이으려는가?　便如此承當
봄바람에 곤한 잠을 더하누나　春風增瞌睡

제40조　남원 혜옹 전법선사

대도는 온통 맘에 있다지만　大道全在心
맘에 구함 있으면 그르치네　亦非在心求
그대에게 부촉한 자심의 도에는　付汝自心道
기쁨도 근심도 없느니라　無喜亦無憂

제41조　풍혈 연소 전법선사

나 이제 법 없음을 말하노니　　我今無法說
말한 바가 모두 다 법 아니라　　所說皆非法
법 없는 법 지금에 부촉하니　　今付無法法
이 법에도 머무르지 말아라　　不可住于法

제42조　수산 성념 전법선사

말한 적도 없어야 참법이니　　無說是眞法
이 말함은 원래에 말함 없네　　其說元無說
나 이제 말한 적도 없을 때　　我今無說時
말함이라 말한들 말함이랴　　說說何曾說

제43조　분양 선소 전법선사

예로부터 말함 없음 부촉했고　　自古付無說
지금의 나 또한 말함 없네　　我今亦無說
다만 이 말함 없는 마음을　　只此無說心
모든 부처 다 같이 말한 바네　　諸佛所共說

제44조　자명 초원 전법선사

허공이 형상이 없다 하나　　虛空無形像
형상도, 허공도 아닐세　　形像非虛空
내 부촉한 마음의 법이란　　我所付心法
공도 공한 공이어서 공 아닐세　　空空空不空

제45조　양기 방회 전법선사

허공이 면목이 없듯이　　虛空無面目
마음의 상 또한 이와 같네　　心相亦如然
곧 이렇게 비고 빈 마음을　　卽此虛空心
높은 중에 높다고 하는 걸세　　可稱天中天

제46조　백운 수단 전법선사

마음의 본체가 허공같아　心體如虛空
법 또한 허공처럼 두루하네　法亦遍虛空
허공 같은 이치를 증득하면　證得虛空理
법도 아니요, 공한 맘도 아니로세　非法非心空

제47조　오조 법연 전법선사

도에는 나라는 나 원래 없고　道我元無我
도에는 맘이란 맘 원래 없네　道心元無心
오직 이 나라 함도 없는 법으로　唯此無我法
나라 함 없는 맘에 일체하네　相契無我心

제48조　원오 극근 전법선사

참나에는 본래에 맘이랄 것 없으며　眞我本無心
참마음엔 역시나 나랄 것 없으나　眞心亦無我
이러-히 참답게 참마음에 일체되면　契此眞眞心
나를 나라 한들 어찌 거듭된 나겠는가　我我何曾我

제49조　호구 소륭 전법선사

도 얻으면 자재한 마음이고　得道心自在
도 얻지 못하면 근심이라 하나　不得道憂惱
본래의 마음의 도 부촉함에　付汝自心道
기쁨도, 근심도 없느니라　無喜亦無惱

제50조　응암 담화 전법선사

맑던 하늘 구름 덮인 하늘 되고　天晴雲在天
비 오더니 젖어있는 땅일세　雨落濕在地
비밀히 마음을 부촉함이여　秘密付與心
마음법이란 다만 이것일세　心法只這是

제51조 밀암 함걸 전법선사

부처님은 눈으로써 별을 보고	佛用眼觀星
난 귀로써 소리를 들었도다	我用耳聽聲
나의 함이 부처님의 함과 같아	我用與佛用
내 밝음이 그대의 밝음일세	我明汝亦明

제52조 파암 조선 전법선사

부처와 더불어 중생의 보는 것이	佛與衆生見
원래 근본 부처인데 금 그은들 바뀌랴	元本佛隔線
그대에게 부촉한 본연의 마음법에는	付汝自心法
깨닫고 깨닫지 못함도 없느니라	非見非不見

제53조 무준 사범 전법선사

내가 만약 봄이 없다 할 때에	我若不見時
그대 응당 봄이 없이 보아라	汝應不見見
봄에 봄 없어야 본연의 봄이니	見見非自見
본연의 마음이 언제나 드러났네	自心常顯現

제54조 설암 혜랑 전법선사

진리는 곧기가 거문고줄 같다는데	眞理直如絃
어떻게 침묵이나 말로 다시 할 것인가	何默更何言
나 이제 그대에게 공교롭게 부촉하니	我今善付囑
밝힌 마음 본래에 얻음이 없는 걸세	表心本無得

제55조 급암 종신 전법선사

사람에겐 미혹하고 깨달음이 본래 없는데	本無迷悟人
미했느니 깨쳤느니 제 스스로 분별하네	迷悟自家計
젊어서 깨달았다 말이나 한다면	記得少壯時
늙어서까지라도 깨닫지 못할 걸세	而今不覺老

제56조 석옥 청공 전법선사

이 마음이 지극히 광대하여	此心極廣大
허공에 비할 수도 없다네	虛空比不得
이 도는 다만 오직 이러-하니	此道只如是
밖으로 찾음 쉬어 받아 지녔네	受持休外覓

제57조 태고 보우 전법선사

지극히 큰 이것인 이 마음과	至大是此心
지극히 성스러운 이것인 이 법이라	至聖是此法
등불과 등불의 광명처럼 나뉨 없음	燈燈光不差
이 마음 스스로가 통달해 마침일세	了此心自達

제58조 환암 혼수 전법선사

마음 중의 본연의 마음과	心中有自心
법 중의 지극한 법을	法中有至法
내가 지금 부촉한다 하나	我今可付囑
마음법엔 마음법이라 함도 없네	心法無心法

제59조 구곡 각운 전법선사

온통인 도, 마음의 광명이라 할 것도 없으나	一道不心光
과거, 현재, 미래와 시방을 밝힘일세	三際十方明
어떻게 지극히 분명한 이 가운데	何於明白中
밝음과 밝지 않음 있다고 하리오	有明有不明

제60조 벽계 정심 전법선사

나 지금 법 없음을 부촉하고	我無法可付
그대는 무심으로 받는다 하나	汝無心可受
전함 없고 받음 없는 맘이라면	無付無受心
누구라도 성취하지 못했다 하랴	何人不成就

제61조 벽송 지엄 전법선사

마음이 곧 깨달음의 마음이요	心卽能知心
법이 곧 깨달음의 법이라	法卽可知法
마음법을 마음법이라 전한다면	法心付法心
마음도, 법도 아닐세	非心亦非法

제62조 부용 영관 전법선사

조사와 조사가 법 없음을 부촉한다 하나	祖祖無法付
사람과 사람마다 본래 스스로 지님일세	人人本自有
그대는 부촉함도 없는 법을 받아서	汝受無付法
긴요히 뒷날에 전하도록 하여라	急着傳於後

제63조 청허 휴정 전법선사

참성품은 본래에 성품이라 할 것 없고	眞性本無性
참법은 본래에 법이라 할 것 없네	眞法本無法
법이니 성품이니 할 것 없음 깨달으면	了知無法性
어떠한 곳엔들 통달하지 못하랴	何處不通達

제64조 편양 언기 전법선사

법도 아니고 법 아님도 아니고	非法非非法
성품도 아니고 성품 아님도 아니며	非性非非性
마음도 아니고 마음 아님도 아님이	非心非非心
그대에게 부촉하는 궁극의 마음법일세	付汝心法竟

제65조 풍담 의심 전법선사

부처님이 전하신 꽃 드신 종지와	師傳拈花宗
내가 미소지어 보인 도리를	示我微笑法
친히 손수 그대에게 분부하니	親手分付汝
받들어 지녀 누리에 두루하게 하라	持奉遍塵刹

제66조 월담 설제 전법선사

깨달아선 깨달은 바 없으며	得本無所得
전해서는 전함 또한 없느니라	傳亦無可傳
전함도 없는 법을 부촉함이여	今付無傳法
동서가 온통한 하늘일세	東西共一天

제67조 환성 지안 전법선사

전하거나 받을 법이 없어서	無傳無受法
전하거나 받는다는 맘도 없네	無傳無受心
부촉하나 받은 바 없는 이여	付與無受者
허공의 힘줄마저 뽑아서 끊었도다	掣斷虛空筋

제68조 호암 체정 전법선사

연류에 따른 일단사여	沿流一段事
머리도 꼬리도 필경 없네	竟無頭與尾
사자새끼인 그대에게 부촉하니	付與獅子兒
사자후 천지에 가득케 하라	哨吼滿天地

제69조 청봉 거안 전법선사

서 가리켜 동에 그림이여	指西喚作東
풍악산의 뭇 봉우리로다	楓嶽山衆峰
불조의 이러한 법을	佛祖之此法
너에게 분부하노라	分付今日汝

제70조 율봉 청고 전법선사

머리도 꼬리도 없는 도리	無頭尾道理
오늘 그대에게 전해주니	今日傳授汝
이후로 보림을 잘 하여서	此後善保任
영원히 끊어짐이 없게 하라	永遠無斷絶

제71조 금허 법첨 전법선사

그믐날 근원에 돌아간다 말했으나 晦日豫言爲還元
법신에 그 어찌 가고 옴이 있으랴 法身何有去與來
푸른 하늘 해 있고, 못 가운데 연꽃일세 日在靑天池中蓮
이 법을 분부하니 끊어짐이 없게 하라 此法分付無斷絶

제72조 용암 혜언 전법선사

'연꽃이 나왔다' 하여 보인 큰 도리를 示出蓮之大道理
다시 또 뜰 밑 나무 가리켜 보여서 復亦指示庭下樹
후일의 크고 큰일 그대에게 부촉하니 後日大事與咐囑
잘 지녀 보림하여 끊어짐 없게 하라 保任善持無斷絶

제73조 영월 봉율 전법선사

사느니 죽느니 이 무슨 말들인고 生也死也是何言
물밭엔 연꽃이고 하늘엔 해일세 水田蓮花在天日
가없이 이러-해서 감출 수 없이 드러남 無邊無藏露如是
오늘 네게 분부하니 끊어짐 없게 하라 今日分付無斷絶

제74조 만화 보선 전법선사

봄산과 뜬구름을 동시에 보아라 春山浮雲觀同時
중생들의 이익될 바 그 가운데 있느니라 普益衆生在其中
이 가운데 도리를 이제 네게 부촉하니 此中道理今付汝
계승해 끊임없이 번성케 할지어다 繼承無斷爲繁盛

제75조 경허 성우 전법선사

하늘의 뜬구름이 누설한 그 도리를 浮雲漏泄其道理
오늘날 선자에게 부촉하여 주노니 今日咐囑與禪子
철저하게 보림하여 모범을 보임으로 保任徹底示模範
후세에 끊어짐이 없게 할 맘, 지니게나 後世無斷爲持心

第76조　만공 월면 전법선사

구름과 달,산과 계곡이라,곳곳에서 같음이여	雲月溪山處處同
선가의 나의 제자 수산의 큰 가풍일세	叟山禪子大家風
은근히 무문인을 그대에게 분부하니	慇懃分付無文印
이 기틀의 방편이 활안 중에 있노라	一段機權活眼中

第77조　전강 영신 전법선사

불조도 전한 바 없어서	佛祖未曾傳
나 또한 얻은 바 없음을…	我亦無所得
가을빛 저물어 가는 날에	此日秋色暮
뒷산의 원숭이가 울고 있네	猿嘯在後峰

第78대　농선 대원 전법선사

부처와 조사도 일찍이 전한 것이 아니거늘	佛祖未曾傳
나 또한 어찌 받았다 하며 준다 할 것인가	我亦何受授
이 법이 2천년대에 이르러서	此法二千年
널리 천하 사람을 제도하리라	廣度天下人

부처님으로부터 직계로 내려온 불조정맥 제78대 농선 대원 선사님

농선 대원 전법선사의 3대 서원

오로지 정법만을 깨닫기 서원합니다.
입을 열면 정법만을 설하기 서원합니다.
중생이 다하는 그날까지 교화하기 서원합니다.

성불사 국제정맥선원 대웅전

성불사 국제정맥선원은

농선 대원 선사님께서 주석하시는 곳으로

대원 선사님의 지도하에 비구스님들이

직접 지은 도량이다.

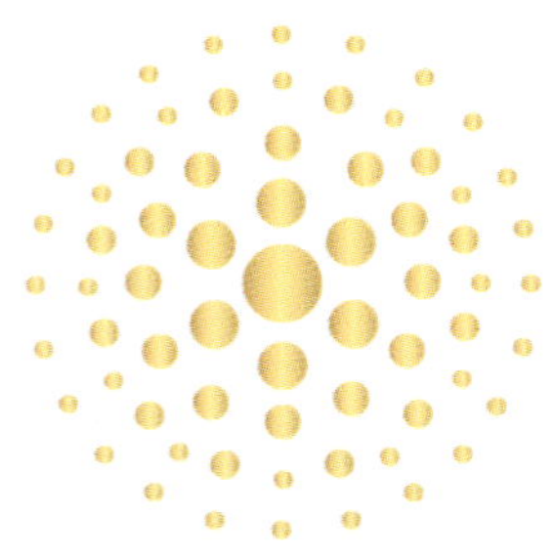

불교 8대 선언문

불교는 자신에게서 영생을 발견하게 한 유일한 종교이다.

불교는 자신에게서 모든 지혜를 발견하게 한 유일한 종교이다.

불교는 자신에게서 모든 능력을 발견하게 한 유일한 종교이다.

불교는 자신에게서 모든 것을 이루게 한 유일한 종교이다.

불교는 자신에게서 극락을 발견하게 한 유일한 종교이다.

불교는 깨달으면 차별 없어 평등하다는 유일한 종교이다.

불교는 모든 억압 없이 자신감을 갖게 한 유일한 종교이다.

불교는 그러므로 온 누리에 영원할 만인의 종교이다.

농선 대원 전법선사 주창

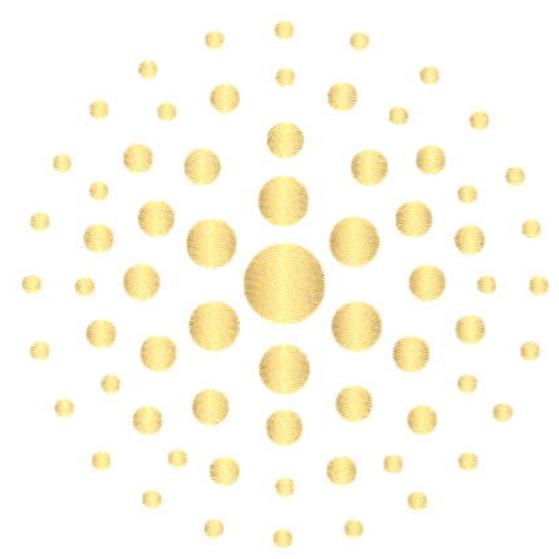

전세계의 불교계에서 통일시켜야 할 일

경전의 말씀대로 32상과 80종호를 갖춘 불상으로 통일해야 한다.

예불 드리는 법을 통일해야 한다.

불공의식을 통일해야 한다.

농선 대원 전법선사 주창

농선 대원 선사의 전등록 발간의 의의

선문(禪文)이란 말 밖의 말로 마음을 바로 가리켜 깨닫게 하여 그 깨달은 마음 바탕에서 닦아 불지(佛地)에 이르게 하는 문(門)이다. 그러기에 지식이나 알음알이로는 헤아려 알 수 없는 것이어서 깨달아 증득하여 일체종지(一切種智)를 이룬 이가 아니고는 그 요지를 바로 보아 이끌어 줄 수 없다.

지금 불교의 현실이 대본산 강원조차 이런 안목으로 이끌어 주는 선지식이 없어서 선종(禪宗) 최고의 공안집인 '전등록', '선문염송' 강의가 모두 폐강된 상황이다.

이에 대원 선사님께서는 불조(佛祖)의 요지가 말이나 글에 떨어져 생사해탈의 길이 단절되는 것을 염려하여 깨달음의 법을 선리(禪理)에 맞게 바로 잡는 역경 작업에 혼신을 다하고 계신다.

대원 선사님께서는 19세에 선운사 도솔암에서 활연대오한 후, 대선지식과의 법거량에서 한 치의 주저함도 없이 명쾌하게 응대하시니 당시 12대 선지식들께서 탄복해 마지않으셨다. 경봉 선사님과 조계종 지혜제일 전강 선사님과의 문답만을 보더라도 취모검과 같은 대원 선사님의 선지를 엿볼 수 있다.

맨 처음 통도사 경봉 선사님을 찾아뵈었을 때, 마침 늦가을 감나무에서 감을 따고 계신 경봉 선사님을 보자 감나무 주위를 한 번 돌고서 있으니, 경봉 선사님께서 물으셨다.

"어디서 왔는가?"

"호남에서 왔습니다."

"무엇을 공부했는가?"

"선을 공부했습니다."

"무엇이 선이냐?"

"감이 붉습니다."

"네가 불법을 아는가?"

"알면 불법이 아닙니다."

위의 문답이 있은 후 경봉 선사님께서는 해제 법문을 대원 선사님께 맡기셨으나 대원 선사님께서는 아직 그럴 때가 아니라 여겨져 그 이튿날인 해제일 새벽 직전에 통도사를 떠나와 버리셨다.

또 광주 동광사에서 처음 전강 선사님을 뵈었을 때, 20대 초면의 젊은 승려인 대원 선사님께 전강 선사님께서 대뜸 '달마불식 도리'를 일러보라 하셨다. 대원 선사님께서 아무 말없이 다가가 전강 선사님의 목에 있는 점 위의 털을 뽑아 버리고 종무소로 가니, 전강 선사님께서 "여기 사람 죽이는 놈이 있다."하며 종무소까지 따라오다 방장실로 돌아가셨다.

그 이후 대원 선사님께서 군산 은적사에서 전강 선사님을 시봉하며 모시고 계실 때, 전강 선사님께서 또 물으셨다.

"공적의 영지를 일러라."

"이러-히 스님과 대담합니다."

"영지의 공적을 일러라."

"스님과 대담에 이러-합니다."

"이러-한 경지를 일러라."

"명왕은 어상을 내리지 않고 천하일에 밝습니다."

대원 선사님의 답에 전강 선사님께서는 희색이 만면해서 고개를 끄덕이며 당신 처소로 돌아가셨다.

이에 그치지 않고 전강 선사님께서 대구 동화사 조실로 계실 때, 대원 선사님께 말씀하셨다.

"대중들이 자네를 산으로 불러내어 그 중에 법성(조계종 종정 진제 스님)이 달마불식 도리를 일러보라 했을 때 '드러났다'라고 답했다는데, 만약에 자네가 양무제였다면 '모르오'라고 이르고 있는 달마 대사에게 어떻게 했겠는가?"

"제가 양무제였다면 '성인이라 함도 설 수 없으나 이러-히 짐의 덕화와 함께 어우러짐이 더욱 좋지 않겠습니까?'하며 달마 대사의 손을 잡아 일으켰을 것입니다."

그러자 전강 선사님께서 탄복하며 말씀하셨다.

"어느새 그 경지에 이르렀는가?"

"이르렀다곤들 어찌하며 갖추었다곤들 어찌하며 본래라곤들 어찌하리까? 오직 이러-할 뿐인데 말입니다."

대원 선사님의 대답에 전강 선사님께서 크게 기뻐하셨다.

이와 같이 대원 선사님께서는 20대 초반에 이미 어떤 선지식의 물음에도 전광석화와 같이 답하셨으며 그 법을 씀이 새의 길처럼 흔적 없는 가운데 자유자재하셨다.

깨달음의 방편에 있어서는 육조 대사께서 마주 앉은 자리에서 사람들을 깨닫게 하셨듯이, 제자들을 제접해 직지인심(直指人心)으로 스스로의 마음에 사무쳐 들게 하여 근기에 따라 보림해 갈 수 있도록 이끌어주시니, 꺼져가는 정법의 기치를 바로 일으켜 세움이라 하겠다.

또한 선지식이라면 이변(理邊)에서 뿐만이 아니라 사변(事邊)에서도 먼 안목으로 인류가 무엇을 어떻게 대비하며 살아가야 할지를 예언하고 이끌어 주어야 한다고 하셨다.

그래서 1962년부터 주창하시기를, 전 세계가 21세기를 '사막 경영의 시대'로 삼아 사막화된 지역에 '사막 해수로 사업'을 하여 원하는 지역의 기후를 조절해야 하고, 자원을 소모하는 발전소 대신 파도, 태양열, 풍력 등의 대체 에너지와 무한 원동기를 개발해야 한다고 하셨다. 또, 도로를 발전소화하여 전기를 생산하는 방법 등을 구체적으로 제안하시고, 천재지변을 대비하여 각자의 집에서 농사를 짓는 '울안의 농법'을 연구하시는 등 만인이 더 나은 삶을 살 수 있는 길을 끊임없이 일러 주고 계신다.

이와 같이 대원 선사님께서는 일체종지를 이룬 지혜로, '참나를 깨달아 마음이 내가 된 삶'을 위한 깨달음의 법으로부터 닥쳐오는 재난을 막고 지구를 가장 살기 좋은 세상으로 만드는 방편까지 늘 그 방향을 제시하고 계신다.

한편, 불교의 최고 경전인 '화엄경 81권'을 완간하여 불보살님의 불가사의한 화엄세계를 열어 보이셨으며, 선문 최대의 공안집인 '선문염송 30권' 1,463칙에 대하여 석가모니 부처님 이래 최초로 전 공안을 맑은 물 밑바닥 보듯이 회통쳐 출간하셨다.

이제 대원 선사님께서는 7불과 역대 조사들의 깨달음의 진수가 담긴 '전등록 30권'을 그런 혜안(慧眼)으로 조사마다 선리의 토끼뿔을 더해 닦아 증득할 수 있도록 밝혀 보이셨다. 그리하여 생사윤회길을 헤매는 중생들에게 해탈의 등불이 되고자 하셨으며, 불조(佛祖)의 정법이 후세에까지 끊어지지 않게 하여 부처님 은혜에 보답하고자 하셨다.

부처님 가신 지 오래 되어 정법은 약하고 삿된 법이 만연한 지금, 중생이 다하는 날까지 중생을 구제하기 서원하는 대원 선사님과 같은 명안종사(明眼宗師)가 계심은 불보살님의 자비광명이 이 땅에 두루한 은덕이라 하겠다.

바로보인 불법 ㊸

전傳 등燈 록錄

9

도서출판 문젠(구, 바로보인)은 정맥선원에서 운영하고 있습니다.

* 인제산(人濟山) 성불사(成佛寺) 국제정맥선원
  경기도 포천시 내촌면 소리개길 86-178 ☎ 031-531-8805
* 인제산(人濟山) 이룬절 포천정맥선원
  경기도 포천시 내촌면 소리개길 86-123 ☎ 031-531-2433
* 백양산(白楊山) 자모사(慈母寺) 부산정맥선원
  부산시 동래구 아시아드대로 114번길 10 대륙코리아나 2층 212호 ☎ 051-503-6460
* 자모산(慈母山) 육조사(六祖寺) 청도정맥선원
  경북 청도군 매전면 동산리 산 50 ☎ 010-4543-2460
* 광암산(光巖山) 성도사(成道寺) 광주정맥선원
  광주광역시 광산구 삼도광암길 34 ☎ 062-944-4088
* 대통산(大通山) 대통사(大通寺) 해남정맥선원
  전남 해남군 화산면 송계길 132-98 중정마을 ☎ 061-536-6366

바로보인 불법 ㊸

전 등 록 9

초판 1쇄 펴낸날 단기 4354년, 불기 3048년, 서기 2021년 10월 30일

역 저 농선 대원 선사
펴 낸 곳 도서출판 문젠(Moonzen Press)
11192, 경기도 포천시 내촌면 소리개길 86-178
전화 031-534-3373 팩스 031-533-3387
신고번호 2010.11.24. 제2010-000004호

편집윤문출판 법심 최주희, 법운 정숙경
인디자인 전자출판 지일 박한재
표 지 글 씨 춘성 박선옥
인 쇄 북크림

도서출판문젠 www.moonzenpress.com
정 맥 선 원 www.zenparadise.com
사막화방지국제연대(IUPD) www.iupd.org

값 15,000원
ISBN 978-89-6870-609-7
ISBN 978-89-6870-600-4 04220(전30권)

서 문

전등록은 말 없는 말이며 말 밖의 말이라서 학식이나 재치만으로는 번역이 실로 불가능한 일이다. 그러기에 육조단경(六祖壇經)을 보면 법화경을 삼천 번이나 독송한 법달(法達)은 글 한 자 모르시는 육조(六祖)께 경의 뜻을 물었고, 글을 모르시는 육조께서는 법화경의 바른 뜻을 설파하셔서 법달을 깨닫게 하신 것이다.

그런데 하루는 본인에게 법을 물으러 다니시던 부산의 목원 하상욱 본연님이 오셔서 시중에 나온 전등록 번역본 두세 가지를 보이시며 범인인 당신에게도 부처님과 조사님들의 본래 뜻에 맞지 않는 대문이 군데군데 눈에 뜨인다며 바른 의역의 필요성을 절감한다고 하셨다. 그 후로 전등록 번역을 바로 해주십사 하는 간청이 지극하여 비록 단문하나 이 일을 시작하게 되었다.

부처님과 조사님들의 근본 뜻에 어긋남이 없게 하기 위해 노력하였으나 약속한 기간 내에 해내기란 실로 벅찬 일이어서 혹시 미비한 점이 없지 않으리니 강호 제현의 좋은 지적이 있기를 바란다.

불법(佛法)이란 본자연(本自然)이라 누가 설(說)하고 누가 듣고 배울 자리요만 그렇지 못한 이가 또한 있어서 부처님과 조사님들의 허물이 생기는 것이다.

어떤 것이 부처인고?
화분의 빨간 장미니라.

이 가운데 남전(南泉) 뜰꽃 도리(道理)며 한산(寒山) 습득(拾得)의 웃음을 누릴진저.

단기(檀紀) 4354년
불기(佛紀) 3048년
서기(西紀) 2021년

무등산인 농선 대원 분향근서
(無等山人 弄禪 大圓 焚香謹書)

양억(楊億)의 경덕전등록 서문

석가모니께서 일찍이 연등 부처님의 수기를 받아, 현겁(賢劫)의 보처(補處)가 되어 이 땅에 탄강하시고 법을 펴서 교화하시기가 49년이었으니 방편과 진리, 돈오(頓悟)와 점수(漸修)의 문호를 여시고, 헤아릴 수 없이 많은 다양한 교법을 내려 주셨다.

근기(根機)에 따라 진리를 깨닫게 하신 데서 삼승(三乘)의 차별이 생겼으니, 사물에 접하는 대로 중생을 이롭게 하여 한량없는 중생을 제도하셨다. 그 자비는 넓고 컸으며 그 법식(法式)은 두루 갖추어져 있었다.

쌍림(雙林)에서 열반에 드실 때 가섭(迦葉)에게만 유촉하신 것이 차츰차츰 전하여 달마에 이르러서 비로소 문자를 세우지 않고 마음의 근원을 곧바로 보이게 되었으니, 차례를 밟지 않고 당장에 부처의 경지에 오르게 되어 다섯 잎[1]이 비로소 무성하고 천 개의 등불[2]이 더욱 찬란하여서, 보배 있는 곳에 이른 이는 더욱 많고, 법의 바퀴를 굴린 이도 하나가 아니었다.

부처님께서 부촉하신 종지와 정법안장(正法眼藏)이 유통되는 도리는 교리 밖에서 따로 행해지는 불가사의(不可思議)한 것이다.

태조(太祖)께서 거룩하신 무력으로 전란을 진압하신 뒤에 사찰을 숭상하여 제도의 문을 활짝 여셨고, 태종(太宗)께서 밝으신 변재로 비밀한 법을 찬술하시어 참된 이치를 높이셨으며, 황상(皇上)[3]께서 높으신 학덕으로 조사의 뜻을 이어 거룩한 가르침에 머릿말을 쓰셔 종풍(宗風)을 잇게 하시니, 구름 같은 문장이 진리의 하늘에 빛나고, 부처의 황금같은 설법

---

1) 다섯 잎 : 중국 선종의 2조 혜가로부터 6조 혜능에 이르는 다섯 조사를 말한다.
2) 천 개의 등불 : 중국에 선법(禪法)이 전해진 이후 등장한 수많은 견성도인들을 말한다.
3) 황상(皇上) : 송의 진종(眞宗)을 말한다.

이 깨달음의 동산에 펼쳐졌다.

대장경의 말씀에 비밀히 계합하고, 인도로부터의 법맥이 번창하니, 뭇 선행을 늘리는 이가 더욱 많아졌고, 요의(了義)[4]를 전하는 사람들이 간간이 나타나서 원돈(圓頓)의 교화가 이 지역에 퍼졌다.

이에 동오(東吳)의 승려인 도원(道原)이 선열(禪悅)의 경지에 마음을 모으고, 불법의 진리를 샅샅이 찾으며, 여러 세대의 조사 법맥을 찾고, 제방의 어록(語錄)을 모아 그 근원과 법맥에 차례를 달고, 말씀들을 차례차례 엮되, 과거 7불로부터 대법안(大法眼)의 문도에 이르기까지 무릇 52세대, 1,701인을 수록하여 30권으로 만들어 경덕전등록이라 하여 대궐로 가지고 와서 유포해 주기를 청하였다.

황상께서는 불법을 밖으로부터 보호하고자 하시고, 승려들의 부지런함을 가상히 여겨 마음가짐을 신중히 하고 생각을 원대히 하여 좌사간(左司諫) 지제고(知制誥) 양억(楊億)과 병부원외랑(兵部員外郎) 지제고(知制誥) 이유(李維)와 태상승(太常丞) 왕서(王曙) 등을 불러 교정케 하시니, 신(臣) 등은 우매하여 삼학(三學)[5]의 근본 뜻을 모르고 5성(五性)[6]의 방편에 어두우며, 훌륭한 번역 솜씨도 없고, 비야리 성에서 보인 유마 거사의 묵연(黙然) 도리[7]에도 둔하건만 공손히 지엄하신 하명(下命)을 받들어 감히 끝내 사양하지 못하였다.

그 저술된 내용을 두루 살펴보면 대체로 진공(眞空)[8]으로써 근본을 삼고 있고, 옛 성인께서 도에 들던 인연을 서술할 때나 옛 사람이 진리를 깨달은 이야기를 표현할 때엔 근기와 인연의 계합함이 마치 활쏘기와 칼쓰

---

4) 요의(了義) : 일을 다 마친 도리, 깨달아서 깨달음마저 두지 않는 경지를 말한다.

5) 삼학(三學) : 계(戒), 정(定), 혜(慧).

6) 5성(五性) : 법상종의 용어. 일체중생의 근기를 다섯 성품으로 나누어서 성불할 근기와 성불하지 못할 근기로 나누었다.

7) 유마 거사의 묵연 도리 : 유마 거사가 비야리성에서 그를 문병하러 온 문수보살과 법담을 할 때 잠자코 말이 없음으로 불이(不二)의 도리를 드러내 보인 일을 말한다.

8) 진공(眞空) : 색(色)이니 공(空)이니를 초월해서 누리는 경지.

기가 알맞는 것 같아 지혜가 갖추어진 데서 광명을 내어, 채찍 그림자만 보고도 달리는 말과 같은 상근기자(上根機者)들에게 널리 도움이 되고 있다.

후학(後學)들을 인도함에는 현묘한 진리를 드날리고 있고, 다른 이야기를 가져올 때에는 출처를 밝히고 있으며, 다듬어지지 않은 부분도 많으나 훌륭한 부분도 찾아볼 수 있었다. 모든 대사들이 대중에게 도리를 보일 때에 한결같은 소리로 펼쳐 보이고 있으니 영특한 이가 귀를 기울여 듣는다면 무수한 성인들이 증명한다 할 것이다. 개괄해서 들추어도 그것이 바탕이어서 한군데만 취해도 그대로가 옳다.

만일 별달리 더 붓을 댄다면 그 돌아갈 뜻을 잃을 것이다. 중국과 인도에서의 말이 이미 다르지 않은데 자칫하면 구슬에다 무늬를 새기려다 보배에 흠집을 낼 우려가 있기에, 이런 종류는 모두 그대로 두었다. 더욱이 일은 실제로 행한 것만을 취해 기록하여 틀림없이 잘 서술했으나 말이란 오래도록 남아 전해지는 까닭에 전혀 문장을 다듬지 않을 수는 없었다.

어떤 사연을 기록할 때엔 그 자취를 자세히 하였고 말이 복잡해지거나 이야기가 저속한 것이 있으면 모두 삭제하되 문맥이 통하게 하였다.

유교(儒教)의 대신이나 거사(居士)의 문답에 이르러 벼슬자리와 성씨가 드러난 이는 연대와 역사에 비추어 잘못을 밝히고, 사적(史籍)에 따라 틀린 점을 바로잡아 믿을 만한 전기가 되게 하였다.

만일 바늘을 던져 맞추듯 한 치의 어긋남 없이 도리를 밝히는 일이 아니거나, 번갯불이 치듯 빠른 기틀을 내보이는 일이 아니거나, 묘하게 밝은 참 마음을 보이는 일이 아니거나, 고(苦)와 공(空)의 깊은 이치를 조사(祖師)의 뜻 그대로 기술(記述)하는 일이 아니라면, 어떻게 등불을 전한다는 전등(傳燈)이라는 비유에 계합(契合)하는 그 극진한 공덕을 베풀 수 있었겠는가?

만일 감응(感應)한 징조만을 서술하거나 참문하고 행각한 자취만을 기록한다 할 것 같으면 이는 이미 승사(僧史)에 밝혀져 있는 것이니, 어째서 선가(禪家)의 말씀을 굳이 취하겠는가? 세대와 계보의 명칭을 남긴 것만이 아니라 스승과 제자가 이어지는 근거를 널리 기록하였다.

그러나 옛날 책에 실린 것을 보면 잘 다듬어지지 않은 내용을 수록하고 잘 다듬어진 것은 버린 일이 있는데, 다른 기록에 남아 있으면 해당하는 문장을 찾아 보완하고, 더욱 널리 찾아서 덧붙이기도 하였다. 또한 서문과 논설에 이르러 혹 옛 조사(祖師)의 문장이 아닌 것이 사이사이 섞이어 공연히 군소리가 되었으면 모두 간추려서 다 깎아버렸으니, 이같이 하여 1년 만에 일이 끝났다.

저희 신(臣)들은 성품과 식견이 우둔하고, 학문이 넓지 못하고, 기틀이 본래 얕고, 문장력은 부족하여 묘한 도리가 사람에게 달렸다고는 하나 마음에서 떠난 지 오래되고 깊은 진리를 나타내는 말이 세속에서 단절되어, 담벽을 마주한 듯 갑갑하게 지낸 적이 많았다. 과분하게도 추천해 주시는 은혜를 받았으나 아무 힘도 발휘하지 못했다. 편찬하는 일이 이미 끝났으므로 이를 임금님께 바친다. 그러나 임금님의 뜻에 맞지 않아, 임금님께서 거룩히 살펴보시는 데에 공연히 누만 끼치는 것이 아닌가 한다. 삼가 바친다.

한림학사조산대부행좌사간지제고동
수국사판사관사주국남양군개국후식읍
1천백호사자금어대신 양억 지음

景德傳燈錄序 昔釋迦文。以受然燈之夙記當賢劫之次補。降神演化四十九年。開權實頓漸之門。垂半滿偏圓之教。隨機悟理。爰有三乘之差。接物利生。乃度無邊之眾。其悲濟廣大矣。其軌式備具矣。而雙林入滅。獨顧於飲光。屈眴相傳。首從於達磨。不立文字直指心源。不踐楷梯徑登佛地。逮五葉而始盛。分千燈而益繁。達寶所者蓋多。轉法輪者非一。蓋大雄付囑之旨。正眼流通之道。教外別行不可思議者也。

聖宋啟運人靈幽贊。太祖以神武戡亂。而崇淨刹。闢度門。太宗以欽明禦辯。而述祕詮。暢真諦。皇上睿文繼志而序聖教繹宗風。煥雲章於義天。振金聲於覺苑。蓮藏之言密契。竺乾之緒克昌。殖眾善者滋多。傳了義者間出。圓頓之化流於區域。有東吳僧道原者。冥心禪悅。索隱空宗。披弈世之祖圖。采諸方之語錄。次序其源派。錯綜其辭句。由七佛以至大法眼之嗣。凡五十二世。一千七百一人。成三十卷。目之曰景德傳燈錄。詣闕奉進冀於流布。

皇上爲佛法之外護。嘉釋子之勤業。載懷重慎。思致悠久。乃詔翰林學士左司諫知制誥臣楊億。兵部員外郎知制誥臣李維。太常丞臣王曙等。同加刊削。俾之裁定。臣等昧三學之旨迷五性之方。乏臨川翻譯之能。懵毘邪語默之要。恭承嚴命。不敢牢讓。竊用探索匪遑寧居。考其論譔之意。蓋以真空爲本。將以述曩聖入道之因。標昔人契理之說。機緣交激。若拄於箭鋒。智藏發光。旁資於鞭影。

誘道後學。敷暢玄猷。而捃摭之來。徵引所出。糟粕多在。油素可尋。其有大士。示徒。以一音而開演。含靈聳聽。乃千聖之證明。屬概舉之是資。取少分而斯可。若乃別加潤色失其指歸。既非華竺之殊言。頗近錯雕之傷寶。如此之類悉仍其舊。況又事資紀實。必由於善敘。言以行遠。非可以無文。其有標錄事緣。縷詳軌跡。或辭條之紛糾。或言筌之猥俗。並從刊削。俾之綸貫。

至有儒臣居士之問答。爵位姓氏之著明。校歲歷以愆殊。約史籍而差謬。鹹用刪去。以資傳信。自非啟投針之玄趣。馳激電之迅機。開示妙明之真心。祖述苦空之深理。即何以契傳燈之喻。施刮膜之功。若乃但述感應之徵符。專敘參遊之轍跡。此已標於僧史。亦奚取於禪詮。聊存世系之名。庶紀師承之自然而舊錄所載。或掇粗而遺精。別集具存。當尋文而補闕。率加采擷。爰從附益。逮於序論之作。或非古德之文。問廁編聯徒增楦釀（楦釀二字出唐張燕公文集。謂冗長也）亦用簡別多所屏去。汔茲周歲方遂終篇。臣等性識媿於冥煩。學問慚於涉獵。天機素淺。文力無餘。妙道在人。雖刳心而斯久。玄言絕俗。固牆面以居多。濫膺推擇之私。靡著發揮之效。已克終於紬繹。將仰奉於清閒。莫副宸襟空塵睿覽。謹上。

翰林學士朝散大夫行左司諫知制誥同
修國史判史館事柱國南陽郡開國侯食邑
一千百戶賜紫金魚袋臣楊億 撰

승려 희위(希渭)의 경덕전등록 재발간사

호주로(湖州路) 도량산(道場山) 호성만세선사(護聖萬歲禪寺)의 늙은 중 희위(希渭)는 본관이 경원로(慶元路) 창국주(昌國州)이며 성은 동(董)씨다.

어릴 때부터 고향의 성에 있는 관음선사(觀音禪寺)에 가서 절조(絶照) 화상을 스승으로 삼았고, 법명(法名)을 받게 되어 자계현(慈溪縣) 개수(開壽)의 보광선사(普光禪寺)에 가서 용원(龍源) 화상에 의해 머리를 깎고 중이 되었다.

그대로 오대율사(五臺律寺)로 가서 설애(雪涯) 화상에게 구족계를 받은 뒤에 짐을 꾸려 서쪽으로 향해 행각을 떠나 수행을 하다가 나중에 다시 은사이신 용원 화상을 만나 이 산으로 옮겨 왔다.

스승을 따라 배움에 참여하고 이로움을 구한 지 벌써 여러 해가 되었다. 항상 스승의 은혜를 생각하면서도 갚을 기회가 없었다. 그런데 삼가 윗대로부터의 부처와 조사들을 수록한 경덕전등록 30권을 보니 7불로부터 법안(法眼)의 법사(法嗣)에 이르기까지 전부 52세대(世代)인데, 경덕(景德)에서 연우(延祐) 병진년에 이르기까지 317년이나 지나서 옛 판본이 다 썩어버려 남아있지 않기 때문에 후학들이 보고 싶어도 볼 수가 없었다. 이에 발심하여 다시 간행한다.

홀연히 내 고향에 있는 천성선사(天聖禪寺)의 송려(松廬) 화상이 소장하고 있던, 여산(廬山)의 은암(隱庵)에서 찍은 옛 책이 가장 보존이 잘된 상태로 입수되었는데, 아주 내 마음에 들었다. 마침내 병진(丙辰)년 정월 10일에 의발 등속을 모두 팔아 1만 2천여 냥을 얻었다. 그날 당장에 공인(工人)에게 간행할 것을 명하여 조사의 도리가 세상에 유포되게 하였다. 이 책은 모두 36만 7천 9백 17자이다. 그해 음력 12월 1일에야 공인의 작업이 끝났다.

당장에 300부를 인쇄하여 전당강(錢塘江) 남북지역과 안중(安衆)지역[9]의 여러 명산(名山)의 방장(方丈)[10]과 몽당(蒙堂)[11]과 여러 요사(寮舍)[12]에 한 부씩을 비치케 하여 온 세상의 도를 분변(分辨)하는 참선납자(參禪衲子)들이 참구하기에 편하도록 하였다. 이를 잘 이용하여 사은(四恩)[13]을 갚고 아울러 삼유(三有)의 중생[14]에게도 도움이 되기 바란다.

대원(大元) 연우(延祐) 3년[15] 음력 12월 1일
늙은 중 희위(希渭)가 삼가 쓰고
젊은 비구 문아(文雅)가 간행을 감독하고
주지 비구 사순(士洵)이 간행하다.

---

9) 두 지역은 희위 스님의 고향인 호주(湖州)와 비교적 인접한 지역들이다.

10) 방장(方丈) : 절의 주지가 거처하는 방. 지금은 견성한 이가 아니더라도 주지를 맡고 있으나 그 당시에는 견성한 도인이라야 그 절의 주지를 맡았다. 따라서 방장에는 대체로 법이 높은 스님이 기거하는 경우가 대부분이었다.

11) 몽당(蒙堂) : 승사(僧寺)의 일에서 물러난 사람이 거처하는 방.

12) 요사(寮舍) : 절에서 대중이 숙식하는 방.

13) 사은(四恩) : 보시(布施), 자애(慈愛), 화도(化導), 공환(共歡)의 네가지 시은(施恩), 또는 부모(父母), 중생(衆生), 국왕(國王), 삼보(三寶)의 네가지 지은(知恩).

14) 삼유(三有)의 중생 : 욕계(欲界), 색계(色界), 무색계(無色界)의 삼계(三界)를 유전하는 미혹한 중생.

15) 서기 1316년.

차 례

일러두기

1. 대만에서 펴낸 『경덕전등록(景德傳燈錄)』(宋釋道原 編, 新文豐出版公司, 民國 75년, 1986년)에 의거해서 번역했으며 누락된 부분 없이 완역하였다.
2. 농선 대원 선사가 각 선사장마다 선리의 토끼뿔을 더하여 닦아 증득하는데 도움이 되도록 하였다.
3. 뜻이 통하지 않는데도 오자가 아닐 때는 옛 한문 사전에서 그 조사 당시에 그 글자가 어떻게 쓰였는가를 찾아 번역하였다. 예를 들어 '還'자가 돌아올 '환'으로가 아니라 영위할 '영'으로 쓰여 뜻이 통한 경우에는 '영위하다' '누리다'로 의역하였다.
4. 선사들의 생몰연대는 여러 기록된 내용이 일치하지 않거나 미상으로 되어 있는 바가 많아, 각 선사 당시의 나라와 왕의 연대, 불교의 상황 등을 역사학자들이 전문적으로 연구하여 밝혀야 할 부분이 있기에, 이 책에서는 여러 자료와 연구 결과가 일치된 내용만을 주에서 표기하였다.
5. 첨가한 주의 내용은 불교에 대한 지식이 없는 이들도 선문답을 참구해 가는데 도움이 되도록 간략하게 달았으며, 주의 내용에 따라서는 사전적인 뜻보다는 선리(禪理)로서 그 뜻을 밝혀 마음에 비추어 참구할 수 있도록 하였다.

남악(南嶽) 회양(懷讓) 선사의 제3세 중 56인

홍주(洪州) 백장(百丈) 회해(懷海) 선사의 법손 30인

- 담주(潭州) 위산(潙山) 영우(靈祐) 선사
- 홍주(洪州) 황벽(黃檗) 희운(希運) 선사
- 항주(杭州) 대자(大慈) 환중(寰中) 선사
- 천태산(天台山) 보안(普岸) 선사
- 균주(筠州) 상관(常觀) 선사
- 담주(潭州) 석상(石霜) 성공(性空) 선사
- 복주(福州) 대안(大安) 선사
- 고령(古靈) 신찬(神贊) 선사
- 광주(廣州) 화안(和安) 통(通) 선사
- 강주(江州) 용운(龍雲) 대(臺) 선사
- 경조(京兆) 위국(衛國) 도(道) 선사
- 진주(鎭州) 만세(萬歲) 화상
- 홍주(洪州) 백장산(百丈山) 유정(惟政) 선사
- 홍주(洪州) 동산(東山) 혜(慧) 화상

  (이상 13인은 본문에 기록되어 있다. 원주)

- 고안(高安) 무외(無畏) 선사
- 동암(東巖) 도광(道曠) 선사

9권 법계보

- 형주(邢州) 소(素) 선사
- 당주(唐州) 대승산(大乘山) 길본(吉本) 선사
- 소승산(小乘山) 혜심(慧深) 선사
- 양주(揚州) 혜조사(慧照寺) 소일(昭一) 선사
- 정주(禎州) 나부(羅浮) 감심(鑒深) 선사
- 홍주(洪州) 구선산(九僊山) 범운(梵雲) 선사
- 백장산(百丈山) 열반(涅槃) 화상
- 강주(江州) 여산(廬山) 조(操) 선사
- 월주(越州) 우적사(禹迹寺) 계진(契眞) 선사
- 균주(筠州) 포산(包山) 천성(天性) 선사
- 명주(明州) 대매산(大梅山) 피안(彼岸) 선사
- 홍주(洪州) 요산(遼山) 장술(藏術) 선사
- 승주(昇州) 기사산(祇闍山) 도방(道方) 선사
- 청전(淸田) 화상
- 대우(大于) 화상

(이상 17인은 본문에 기록되어 있지 않다. 원주)

건주(虔州) 서당(西堂) 지장(智藏) 선사의 법손 4인

- 건주(虔州) 처미(處微) 선사

(이상 1인은 본문에 기록되어 있다. 원주)

- 계림(鷄林) 도의(道義) 선사
- 신라국(新羅國) 혜(慧) 선사
- 신라국(新羅國) 홍직(洪直) 선사

(이상 3인은 본문에 기록되어 있지 않다. 원주)

포주(蒲州) 마곡산(麻谷山) 보철(寶徹) 선사의 법손 2인

- 수주(壽州) 양수(良遂) 선사

(이상 1인은 본문에 기록되어 있다. 원주)

- 신라국(新羅國) 무염(無染) 선사

(이상 1인은 본문에 기록되어 있지 않다. 원주)

호남(湖南) 동사(東寺) 여회(如會) 선사의 법손 4인

- 길주(吉州) 서산(薯山) 혜초(慧超) 선사

(이상 1인은 본문에 기록되어 있다. 원주)

- 서주(舒州) 경제(景諸) 선사
- 장엄사(莊嚴寺) 광조(光肇) 선사
- 담주(潭州) 막보산(幕輔山) 사(昭) 선사

(이상 3인은 본문에 기록되어 있지 않다. 원주)

경조(京兆) 장경사(章敬寺) 회운(懷惲) 선사의 법손 16인

9권 법계보

- 경조(京兆) 천복(薦福) 홍변(弘辯) 선사
- 복주(福州) 귀산(龜山) 지진(智眞) 선사
- 낭주(朗州) 회정(懷政) 선사
- 금주(金州) 조(操) 선사
- 낭주(朗州) 고제(古堤) 화상
- 하중(河中) 공기(公畿) 화상

(이상 6인은 본문에 기록되어 있다. 원주)

- 백림원(栢林院) 한운(閑雲) 선사
- 선주(宣州) 현철(玄哲) 선사
- 하중(河中) 보견(寶堅) 선사
- 서경(西京) 도지(道志) 선사
- 강주(絳州) 신우(神祐) 선사
- 서경(西京) 지장(智藏) 선사
- 허주(許州) 무적(無迹) 선사
- 수주(壽州) 유숙(惟肅) 선사
- 신라국(新羅國) 현욱(玄昱) 선사
- 신라국(新羅國) 각체(覺體) 선사

(이상 10인은 본문에 기록되어 있지 않다. 원주)

남악(南嶽) 회양(懷讓) 선사의 제3세 법손(法孫)

앞의 백장(百丈) 회해(懷海) 선사의 법손

담주(潭州) 위산(潙山) 영우(靈祐) 선사

영우 선사[1]는 복주(福州) 장계 사람으로 성은 조(趙)씨이다. 15세에 부모를 떠나 출가하여 고향에 있는 건선사(建善寺)의 법상(法常) 율사(律師)에 의하여 머리를 깎았고, 항주(杭州) 용흥사(龍興寺)에서 계를 받은 뒤에 대소승의 경과 율을 연구하였다.

23세에 강서(江西)에 가서 백장 회해 선사를 만나니, 백장이 한 번 보고 입실(入室)을 허락하여 배우는 이들의 우두머리에 있게 하였다.

前百丈懷海禪師法嗣 潭州潙山靈祐禪師者。福州長谿人也。姓趙氏。年十五辭親出家。依本郡建善寺法常律師剃髮。於杭州龍興寺受戒。究大小乘經律。二十三遊江西參百丈大智禪師。百丈一見許之入室。遂居參學之首。

1) 영우 선사(771 ~ 853).

어느 날 모시고 서 있는데 백장이 물었다.

"누구냐?"

"영우입니다."

"화로에 불이 있는지 그대가 헤쳐 봐라."

위산이 헤쳐 보고 말하였다.

"불이 없습니다."

백장이 몸소 일어나서 화로를 헤쳐 조그마한 불을 찾아 들어 보이면서 말하였다.

"이것이 불이 아닌가?"

대사가 깨닫고 절을 한 뒤에 자기의 아는 바를 말하니 백장이 말하였다.

"그것은 잠시 나타난 갈림길이다. 경에 '불성을 보고자 하면 시절과 인연을 관찰하라.'고 하였다. 시절이 이르게 되면 미혹했다가 깨달은 것 같고 잊었던 일을 기억한 것과 같아서, 본래 자기의 물건이요, 남에게 얻은 것이 아님을 깨달은 것일 뿐이다.

一日侍立百丈問誰。師曰。靈祐。百丈云。汝撥鑪中有火否。師撥云。無火。百丈躬起深撥得少火。舉以示之云。此不是火。師發悟禮謝陳其所解。百丈曰。此乃暫時岐路耳。經云。欲見佛性當觀時節因緣。時節既至如迷忽悟。如忘忽憶。方省己物不從他得。

그러므로 조사께서 '깨닫고 나면 깨닫기 전과 같고, 마음이 없으면 법이랄 것도 없다.'라고 하셨으니, 이는 다만 범부니 성인이니 하는 따위의 허망한 생각이 없어서 본래부터 마음과 법을 스스로 구족했을 뿐이다. 그대가 이제 그렇게 되었으니 스스로 잘 보호해 지녀라."

이때에 사마두타[2]가 호남(湖南)에서 오니 백장이 말하였다.

"노승이 위산으로 가고자 하는데 어떻겠는가?"[3]

사마두타가 대답하였다.

"위산은 절묘하여서 1500명은 모을 수 있습니다. 그러나 화상께서 사실 곳은 아닙니다."

"왜 그런가?"

"화상께서는 골격인(骨格人)이라 할 수 있는 사람인데, 그 산은 육격(肉格)이니 설사 산다 하여도 무리가 1000명이 차지 않을 것입니다."

故祖師云。悟了同未悟。無心得無法。只是無虛妄凡聖等心。本來心法元自備足。汝今既爾善自護持。時司馬頭陀自湖南來。百丈謂之曰。老僧欲往潙山可乎(司馬頭陀參禪外。蘊人倫之鑒。兼窮地理。諸方剏院多取決焉)。對云。潙山奇絕可聚千五百衆。然非和尚所住。百丈云。何也。對云。和尚是骨人。彼是肉山。設居之徒不盈千。

2) 사마두타 : 당나라 때 백장 선사의 재가 제자.

3) 사마두타는 참선 이외에도 관상을 볼 줄 알고 풍수지리도 능통하여 제방에서 사찰을 지을 때는 대부분 그의 결정에 따랐다. (원주)

백장이 말하였다.

"그러면 나의 무리 가운데 거기에 살 만한 사람이 없겠는가?"

"살펴보겠습니다."

백장이 시자를 시켜 제1좌[4]를 불러오게 하고서 물었다.

"이 사람이 어떻겠나?"

사마두타가 기침을 한 번 시키고 몇 걸음 걷게 한 뒤에 대답하였다.

"이 사람은 안 됩니다."

다시 전좌(典座)[5]를 불러오니[6] 사마두타가 말하였다.

"이 사람이야말로 위산의 주인입니다."

백장이 밤에 대사를 방으로 불러 들여 법을 전하고 부촉하면서 말하였다.

"나의 교화할 인연은 여기에 있으니, 위산의 좋은 경계에서 그대가 살면서 나의 종풍을 계승하여 후학들을 널리 제도하라."

百丈云。吾眾中莫有人住得否。對云。待歷觀之。百丈乃令侍者喚第一坐來(即華林和尚也)。問云。此人如何。頭陀令謦欬一聲行數步。對云。此人不可。又令喚典座來(即祐師也)。頭陀云。此正是溈山主也。百丈是夜召師入室。囑云。吾化緣在此。溈山勝境汝當居之嗣續吾宗廣度後學。

---

4) 화림(華林) 화상을 가리킨다. (원주)
5) 전좌(典座) : 음식을 장만하는 직책.
6) 영우(靈祐) 선사이다. (원주)

이때에 화림이 이 말을 듣고 말하였다.

"외람되지만 제가 대중의 우두머리에 있는데 영우 대사가 어찌하여 주지를 합니까?"

백장이 말하였다.

"대중을 향하여 격식을 초월한 한마디를 하는 이에게 주지를 시키리라."

그리고는 정병(淨甁)[7]을 가리키면서 물었다.

"정병이라고 부르지 못한다. 무엇이라 부르겠는가?"

화림이 대답하였다.

"말뚝이라 하지는 못할 것입니다."

백장이 수긍하지 않고 다시 위산에게 물으니, 위산이 정병을 걷어차 넘어뜨리자 백장이 웃으면서 말하였다.

"제1좌가 도리어 위산에게 졌구나."

그러고 나서 대사를 위산으로 보냈다.

時華林聞之曰。某甲忝居上首。祐公何得住持。百丈云。若能對衆下得一語出格當與住持。即指淨甁問云。不得喚作淨甁。汝喚作什麼。華林云。不可喚作木楔也。百丈不肯。乃問師。師蹋倒淨甁。百丈笑云。第一座輸却山子也。遂遣師往潙山。

7) 정병(淨甁) : 목이 긴 물병으로 본래 승려의 필수품인 18물(物) 가운데 하나였다.

이 산은 원래 험준하여 인적이 완전히 끊겼으므로 원숭이 떼를 벗삼아 도토리와 밤을 주워서 끼니를 때우니, 산 밑의 사람들이 차츰 알게 되어 대중을 거느리고 와서 절을 지어 주었다.

대장군인 이경양(李景讓)이 황제에게 아뢰어 동경사(同慶寺)라 이름하였고, 정승인 배휴(裵休)가 와서 현묘한 진리를 물으니 천하의 선객이 모여들었다.

대사가 법상에 올라 대중에게 보이고 말하였다.

"무릇 도인의 마음은 곧아서 거짓이 없고, 등도 없고 낯도 없고, 허망한 마음이라는 것도 없다. 일체 때 가운데 보고 듣는 사이에 이러-히 예사로워 더 이상 자세하고 소상할 것이 없는 데서 눈을 감거나 귀를 막을 것도 없다. 다만 정(情)으로 물건에 끄달리지 않으면 된다. 위로부터 모든 성인은 단지 흐린 쪽의 허물과 근심을 말했을 뿐이다.

是山峭絕敻無人煙。師猿猱為伍橡栗充食。山下居民稍稍知之。率眾共營梵宇。連帥李景讓奏號同慶寺。相國裴公休嘗咨玄奧。繇是天下禪學若輻湊焉。師上堂示眾云。夫道人之心質直無偽。無背無面無詐妄心行。一切時中視聽尋常更無委曲。亦不閉眼塞耳。但情不附物即得。從上諸聖只是說濁邊過患。

허다한 나쁜 지견과 망상, 습관적인 일이 없으면 마치 가을 물이 맑은 것과 같이 청정하여 함이 없고 담박하여 모든 일에 걸림이 없게 되리니, 그를 일러 도인(道人)이라 하며 또한 일 없는 사람이라고 한다."

이때에 어떤 승려가 물었다.

"돈오(頓悟)[8]한 사람도 닦아야 합니까?"

"만일 참되게 깨달아 근본을 얻었다면 그가 스스로 알게 될 것이니, 닦는다거나 닦지 않는다 하는 것은 두 가지의 말일 뿐이다. 지금 처음으로 발심한 사람들이 비록 인연에 따라 한 생각에 본래의 이치를 단박에 깨달았으나, 아직도 비롯함이 없는 여러 겁의 습기(習氣)는 단박에 없어지지 않으므로, 그로 하여금 현재의 업과 의식의 흐름을 깨끗하게 없애도록 해야 하니 이것이 닦는 것이다.

그로 하여금 수행하거나 향해 나아가는 법이 따로 있다고 말하지 말라.

若無如許多惡覺情是想習之事。譬如秋水澄渟。清淨無為澹泞無礙。喚他作道人。亦名無事之人。時有僧問。頓悟之人更有修否。師云。若真悟得本他自知時。修與不修。是兩頭語如今初心雖從緣得。一念頓悟自理。猶有無始曠劫習氣未能頓淨。須教渠淨除現業流識。即是修也。不道別有法教渠修行趣向。

---

8) 돈오(頓悟) : 수행의 단계를 거치지 않고 단박에 깨닫는 것.

들음으로 진리에 들고, 진리를 듣고 묘함이 깊어지면 마음이 스스로 두렷이 밝아져서 미혹한 경지에 머무르지 않으리라.

비록 백 천 가지 묘한 이치로써 당대에 드날린다 하여도 이는 자리에 앉아 옷을 입고 벗는 것으로써 살림을 삼는 것일 뿐이니, 요지(要旨)를 말하면 실제 진리의 바탕에는 한 티끌도 받아들이지 않는다 하지만 만행을 닦는 부문에서는 한 법도 버리지 않느니라.

만일 단박에 깨달으면 범부니 성인이니 하는 생각이 다하여, 참되고 항상한 본체가 드러나 이변(理邊)[9]과 사변(事邊)[10]이 둘이 아니어서 곧 여여한 부처이니라."

앙산(仰山)이 물었다.

"어떤 것이 서쪽에서 오신 뜻입니까?"

대사가 말하였다.

"매우 좋은 등롱(燈籠)[11]이다."

從聞入理聞理深妙。心自圓明不居惑地。縱有百千妙義抑揚當時。此乃得座披衣自解作活計。以要言之。則實際理地不受一塵。萬行門中不捨一法。若也單刀趣入。則凡聖情盡體露真常。理事不二即如如佛。仰山問。如何是西來意。師云。大好燈籠。

---

9) 이변(理邊) : 깨달은 본성의 이치.
10) 사변(事邊) : 자성을 깨달아 응하여 쓰는 것.
11) 등롱(燈籠) : 등(燈)을 넣어서 밖에 걸거나 들고 다니는 기구.

앙산이 말하였다.

"그것이면 되지 않겠습니까?"

대사가 말하였다.

"그것이라니 무엇인가?"

"매우 좋은 등롱 말입니다."

"과연 아는 것이 아니로구나."

어느 날 대사가 대중에게 말하였다.

"허다한 사람들이 대기(大機)[12]만을 얻고[13] 대용(大用)[14]은 얻지 못했다."

앙산이 이 말을 산 밑의 암주에게 이야기하고 이어 물었다.

"화상께서 그렇게 말씀하신 뜻이 무엇이겠습니까?"

仰山云。莫只這箇便是麼。師云。這箇是什麼。仰山云。大好燈籠。師云。果然不識。一日師謂眾云。如許多人只得大機(舊本云大識。今改作大機。按廣燈幷別錄。皆云只得大機。而第十六卷九峰慧禪師章中云只得大體。未詳孰是)不得大用。仰山舉此語問山下庵主云。和尚恁麼道意旨如何。

---

12) 대기(大機) : 본체(本體).

13) 구본에서는 대식(大識)이라고 하였다. 여기에서는 대기(大機)라고 고쳤다. 광등과 다른 기록에 따르면 모두 지득대기(只得大機)라고 하였다. 제16권 구봉 혜 선사 장에서 이르기를 지득대체(只得大體)라고 하였는데, 어느 것이 맞는지 알 수 없다. (원주)

14) 대용(大用) : 큰 작용.

암주가 말하였다.

“다시 한 번 말해 봐라.”

앙산이 다시 말하려 하니 암주가 걷어차서 쓰러뜨렸는데, 앙산이 돌아와서 대사에게 말하니 대사가 껄껄 웃었다.

대사가 법당에 앉아 있는데 고두(庫頭)[15]가 목어를 치자 화두(火頭)[16]가 부젓가락을 던지고 손뼉을 치면서 크게 웃으니, 대사가 말하였다.

“대중 가운데 이러한 사람도 있었더냐?”

그리고는 불러다가 무슨 까닭인지를 물으니 화두가 대답하였다.

“제가 죽을 먹지 않았더니 시장해서 기뻐하고 기뻐했을 뿐입니다.”

위산이 고개를 끄덕였다.[17]

庵主云。更舉看。仰山擬再舉。被庵主踢倒。歸舉似師。師大笑。師在法堂坐。庫頭擊木魚。火頭擲却火抄。拊掌大笑。師云。眾中也有恁麼人。喚來問。作麼生。火頭云。某甲不喫粥肚飢所以喜歡。師乃點頭(東使聞云。將知溈山眾裏無人。臥龍云。將知溈山眾裏有人)

15) 고두(庫頭) : 절의 재무담당.

16) 화두(火頭) : 절에서 등불을 맡아보는 사람.

17) 동사(東使)가 듣고 말하기를 “위산의 무리에는 사람이 없는 줄 알았지.” 하였다. 와룡(臥龍)이 말하기를 “위산의 무리에는 사람이 으레 있을 줄 알았지.” 하였다. (원주)

울력으로 차를 따다가 대사가 앙산에게 말하였다.

"종일토록 차를 따도 그대의 소리만이 들리고 그대의 형상이 보이지 않으니, 본래의 형체를 드러내 봐라."

앙산이 차나무를 흔드니, 대사가 말하였다.

"그대는 다만 그 작용만을 얻었고 그 본체는 얻지 못했다."

앙산이 물었다.

"화상께서는 어찌하시겠습니까?"

대사가 말없이 보이니〔良久〕, 앙산이 말하였다.

"화상께서는 다만 그 본체만을 얻고 그 작용은 얻지 못하였습니다."

"그대에게 20방을 때리리라."[18]

普請摘茶。師謂仰山曰。終日摘茶只聞子聲不見子形。請現本形相見。仰山撼茶樹。師云。子只得其用不得其體。仰山云。未審和尚如何。師良久。仰山云。和尚只得其體不得其用。師云。放子二十棒(玄覺云。且道過在什麼處)。

18) 현각(玄覺)이 말하기를 "허물이 어디에 있는지 말해 봐라." 하였다. (원주)

대사가 상당하니 어떤 승려가 나서서 말하였다.
"화상께서 대중에게 설법을 해 주십시오."
대사가 말하였다.
"내가 그대들을 위해 너무 애썼다."
그 승려가 절을 하였다.[19]

대사가 앙산에게 말하였다.
"혜적아, 오음십팔계에 들지 않는 것을 빨리 일러라."
앙산이 말하였다.
"저는 믿음도 세우지 않습니다."

師上堂有僧出云。請和尚為衆說法。師云。我為汝得徹困也。僧禮拜(後人舉似雪峯。雪峯云。古人得恁麼老婆心。玄沙云。山頭和尚蹉過古人事也。雪峯聞之乃問玄沙。什麼處是老僧蹉過古人事處。玄沙云。大小溈山被那僧一問得百雜碎。雪峯駭之乃休)。
師謂仰山曰。寂子速道莫入陰界。仰山云。慧寂信亦不立。

19) 후에 어떤 사람이 설봉(雪峰)에게 이야기하니, 설봉이 말하기를 "옛사람이 그토록 노파심이 간절했구나." 하였다. 현사(玄沙)가 말하기를 "설봉 화상이 옛사람의 일을 그르쳤구나." 하였다. 설봉이 이 말을 듣고 현사에게 묻기를 "어떤 것이 내가 옛사람의 일을 그르친 곳인가?" 하니, 현사가 대답하기를 "시원치 않은 위산이 그 승려의 한 마디 질문에 백 조각이 났다." 하니, 설봉이 놀라며 그만두었다. (원주)

대사가 말하였다.

"그대는 믿어 마쳐서 세우지 않는다 하는 것인가, 믿음이 없어서 세우지 않는다 하는 것인가?"

앙산이 말하였다.

"다만 혜적일 뿐이요, 다시 누구를 믿겠습니까?"

"그렇다면 판에 박힌 성문(聲聞)이구나."

"혜적은 부처도 본다 하지 않습니다."

대사가 앙산에게 물었다.

"『열반경』 40권 중 얼마가 부처님의 말씀이고 얼마가 마(魔)의 말인가?"

"모두가 마의 말입니다."

"이 뒤에는 아무도 그대를 어쩌지 못하겠구나."

앙산이 물었다.

"저는 이제 막 깨달은 단계인데, 저의 행리(行履)를 어떻게 해가야 합니까?"

師云。子信了不立不信不立。仰山云。只是慧寂更信阿誰。師云。若恁麼即是定性聲聞。仰山云。慧寂佛亦不見。師問仰山。涅槃經四十卷多少佛說多少魔說。仰山云。總是魔說。師云。已後無人奈子何。仰山云。慧寂即一期之事。行履在什麼處。

대사가 말하였다.

"다만 그대의 바른 안목이 귀할 뿐 그대의 행리는 말하지 않겠다."

앙산이 빨래를 밟다가 빨래를 치켜들고 대사에게 물었다.

"바로 이러-할 때에 화상께서 어찌하시겠습니까?"

"바로 이러-할 때에 나에게는 어찌할 것이 없다."

"화상께서는 몸은 있으나 작용은 없으십니다."

대사가 말없이 보이고, 빨래를 치켜들고 물었다.

"그대는 이러-할 때에 어찌하겠는가?"

"바로 그러할 때에 화상께서는 이것을 보며 누리십니까?"

"그대는 작용은 있으나 몸이 없구나."[20]

대사가 홀연히 앙산에게 물었다.

"그대가 지난봄에 한 말은 원만치 못했으니 이제 다시 말해 봐라."

師云。只貴子眼正。不說子行履。仰山蹋衣次提起問師云。正恁麼時和尚作麼生。師云。正恁麼時我這裏無作麼生。仰山云。和尚有身而無用。師良久却拈起問。汝正恁麼時作麼生。仰山云。正恁麼時和尚還見伊否。師云汝有用而無身(此語是二月中問答)。師忽問仰山。汝春間有話未圓。今試道看。

20) 이 말은 2월에 한 문답이다. (원주)

앙산이 말하였다.

"바로 이러-할 때에 진흙 속에서 다투는 꼴을 조심해야 합니다."

대사가 말하였다.

"감옥살이 하는 동안에 지혜가 늘었구나."

어느 날 대사가 원주를 불렀는데 원주가 오니 대사가 말하였다.

"나는 원주를 불렀는데 그대가 왜 왔느냐?"

원주가 대답하지 못하였다.[21)]

또 시자를 시켜 제1좌를 불러오라 해서 제1좌가 오니 대사가 말하였다.

"나는 제1좌를 불렀는데 네가 왜 왔느냐?"

또 대답이 없었다.[22)]

仰山云。正恁麼時切忌勃塑。師云。停囚長智。師一日喚院主。院主來。師云。我喚院主汝來作什麼。院主無對(曹山代云。也知和尚不喚某甲)。又令侍者喚第一座。第一座來。師云。我喚第一座汝來作什麼。亦無對(曹山代云。若令侍者喚恐不來。法眼別云。適來侍者喚)。

---

21) 조산(曹山)이 대신 말하기를 "화상께서 저를 부르지 않았음을 알고 있습니다." 하였다. (원주)

22) 조산(曹山)이 대신 말하기를 "만약 시자를 시켜서 불렀으면 오지 않았을 것입니다." 하였다.
법안(法眼)이 따로 말하기를 "방금은 시자가 불렀습니다." 하였다. (원주)

대사가 새로 온 승려에게 이름이 무엇이냐고 물으니 월륜(月輪)이라 하였다. 대사가 일원상을 그려 놓고 물었다.

"어떤가? 이것과 같은가?"

그 승려가 대답하였다.

"스님의 그런 말씀을 제방에서는 아무도 수긍치 않습니다."

"나는 그렇다 하고 그대는 어떤가?"

승려가 말하였다.

"월륜을 보셨습니까?"

"그대가 그렇게 말한다면 여기에 있는 대부분의 사람들이 제방을 긍정하지 않을 것이다."

대사가 운암(雲巖)에게 물었다.

"그대가 오랫동안 약산(藥山)에 있었다는데 사실인가?"

"그렇습니다."

"약산의 거룩한 모습이 어떻던가?"

운암이 말하였다.

師問新到僧名什麼。僧云。名月輪。師作一圓相問。何似這箇。僧云。和尚恁麼語話。諸方大有人不肯在。師云。貧道即恁麼。闍梨作麼生。僧云。還見月輪麼。師云。闍梨恁麼道。此間大有人不肯諸方。師問雲巖云。聞汝久在藥山是否。巖云是。師云。藥山大人相如何。雲巖云。

"열반 뒤에도 있습니다."

대사가 말하였다.

"열반 뒤에 어떻게 있는가?"

"물을 뿌려도 묻지 않습니다."

운암이 도리어 대사에게 물었다.

"백장 스님의 거룩한 모습이 어떠합니까?"

"드높고 당당하고 빛나고 밝아 소리 이전이어서 소리가 아니요, 색 이후여서 색이 아니니, 모기가 쇠소에 붙은 것 같아서 그대의 주둥이를 댈 곳이 없다."

대사가 앙산에게 정병을 주려다가 앙산이 받으려 하자, 얼른 정병을 가져오면서 말하였다.

"이것이 무엇인가?"

"화상께서는 무엇을 보십니까?"

"그렇다면 내게서 취해 쓸 것이 무엇이냐?"

앙산이 말하였다.

涅槃後有。師云。涅槃後有如何。雲巖云。水灑不著。雲巖却問師。百丈大人相如何。師云。巍巍堂堂煒煒煌煌。聲前非聲。色後非色。蚊子上鐵牛。無汝下嘴處。師過淨瓶與仰山。仰山擬接。師却縮手云。是什麼。仰山云。和尚還見箇什麼。師云。若恁麼何用更就吾覓。仰山云。

"비록 그러해서 이와 같으나 사람이 행해야 할 도리로는 화상의 정병을 받아 물을 떠드리는 것이 본분의 일이겠습니다."

대사가 그제야 정병을 넘겨주었다.

대사가 앙산과 같이 가다가 잣나무를 가리키면서 물었다.

"앞의 것이 무엇인가?"

"잣나무일 뿐입니다."

대사가 다시 등 뒤의 늙은 농부를 가리키면서 말하였다.

"저 늙은이도 향후 500명 대중쯤은 거느리겠다."

대사가 앙산에게 물었다.

"어디서 돌아오는가?"

"밭에서 돌아옵니다."

"벼를 잘 베었는가?"

"잘 베었습니다."

"푸르던가, 누르던가, 푸르지도 누르지도 않던가?"

雖然如此仁義道中與和尚提瓶挈水亦是本分事。師乃過淨瓶與仰山。師與仰山行次指柏樹子問云。前面是什麼。仰山云。只這箇柏樹子。師却指背後田翁云。這阿翁向後亦有五百衆。師問仰山。從何處歸。仰山云。田中歸。師云。禾好刈也未。仰山云。好刈也。師云。作青見作黃見作不青不黃見。

앙산이 말하였다.

"화상 등 뒤의 것은 무엇입니까?"

"그대는 보았는가?"

앙산이 벼이삭을 번쩍 들면서 물었다.

"화상께서는 어찌하여 거듭 이것을 물으십니까?"

"거위의 왕이 우유를 가려내는 것 같구나."[23]

겨울이 되자 대사가 앙산에게 물었다.

"날씨가 차가운가, 사람이 차가운가?"

"대사께서도 그 속에 있습니다."

"어째서 바로 말하지 않는가?"

"아까부터 잘못되지 않았는데 화상께서는 왜 그러십니까?"

"역시〔直須〕[24] 장단을 맞추는구나〔隨流〕[25]."

仰山云。和尚背後是什麼。師云。子還見麼。仰山拈起禾穗云。和尚何曾問這箇。師云。此是鵝王擇乳。冬月師問仰山。天寒人寒。仰山云。大家在這裏。師云。何不直說。仰山云。適來也不曲和尚如何。師云。直須隨流。

---

23) 『정법염처경(正法念處經)』에 말하기를 "우유와 물을 각각 담아서 한 자리에 두면 거위는 우유 그릇을 가려서 마시고 물은 마시지 않는다." 하였으니, 자기의 본분사를 잘 안다는 뜻이다.

24) 직수(直須) : 원문의 직수(直須)는 응당, 역시라는 뜻이다.

25) 수류(隨流) : 원문의 수류(隨流)는 강물을 따라서라는 뜻으로 장단을 맞춘다는 뜻이다.

어떤 승려가 와서 절을 하니 대사가 일어나려 하였다. 그 승려가 일어나지 마시라 하니 대사가 말하였다.

"노승은 앉은 적이 없다."

"저도 절을 한 적이 없습니다."

"어째서 예의가 없다는 것인가?"

그 승려가 대답하지 못하였다.[26)]

석상(石霜)의 회상에 있던 두 선객이 와서 말하기를 "여기는 한 사람도 선을 아는 이가 없구나."라고 하였다.

나중에 울력으로 나무를 운반하다가 두 선객이 쉬는 것을 보고 앙산이 장작 한 개비를 들고 가서 말하였다.

"말할 수 있겠소?"

두 선객이 모두 말이 없으니 앙산이 말하였다.

有僧來禮拜。師作起勢。僧云。請和尚不起。師云。老僧未曾坐。僧云。某甲亦未曾禮師云。何故無禮。僧無對(同安代云。和尚不怪)。石霜會下有二禪客到云。此間無一人會禪。後普請般柴。仰山見二禪客歇。將一橛柴問云。還道得麼。俱無語。仰山云。

26) 동안(同安)이 대신 말하기를 "화상이시여, 괴이하게 여기지 마십시오." 하였다. (원주)

"선을 아는 이가 없다고 하지 않는 것이 좋았을 것이다."
그리고는 돌아와서 위산에게 말하였다.
"오늘 두 선객이 저에게 밑천을 다 드러냈습니다."
대사가 말하였다.
"어디가 그대에게 밑천을 드러낸 곳인가?"
앙산이 앞의 이야기를 하니 대사가 말하였다.
"혜적은 또 나에게 밑천을 드러냈다."[27)]

대사가 조는데 앙산이 와서 문안을 드리니, 대사가 돌아앉아 벽을 향하였다.
"스님, 어찌 그러십니까?"
대사가 일어나서 말하였다.
"내가 아까 한바탕 꿈을 꾸었는데 그대가 시험삼아 해몽을 해봐라."

莫道無人會禪好。歸舉似溈山云。今日二禪客被慧寂勘破。師云。什麼處被子勘破。仰山便舉前話。師云。寂子又被吾勘破(雲居錫云。什麼處是溈山勘破仰山處)。師睡次仰山問訊。師便迴面向壁。仰山云。和尚何得如此。師起云。我適來得一夢。汝試為我原看。

27) 운거석(雲居錫)이 말하기를 "어디가 앙산이 위산에게 밑천을 드러낸 곳인가?" 하였다. (원주)

앙산이 물 한 대야를 떠다가 대사에게 세수를 시켜 드렸다.

조금 있다가 향엄(香嚴)도 와서 문안을 하니 대사가 말하였다.

"내가 아까 꿈을 꾸어 혜적이 해몽을 마쳤는데 그대도 해몽을 해 봐라."

향엄이 차 한 잔을 달여서 바치니, 대사가 말하였다.

"두 사람의 견해가 사리자〔鶖子〕[28]보다 낫구나."

어떤 승려가 말하였다.

"위산의 일정립(一頂笠)[29]을 짓지 않고는 막요촌(莫傜村)[30]에 이를 수 없다고 하니, 어떤 것이 위산의 일정립입니까?"

대사가 바로 찼다.

대사가 법상에 올라 보이고 말하였다.

仰山取一盆水與師洗面。少頃香嚴亦來問訊。師云。我適來得一夢寂子原了。汝更與我原看。香嚴乃點一椀茶來。師云。二子見解過於鶖子。僧云。不作潙山一頂笠。無由得到莫傜村。如何是潙山一頂笠。師即蹋之。師上堂示衆云。

---

28) 사리자〔鶖子〕 : 사리자는 부처님의 십대 제자 중 한 분으로 지혜 제일이다.

29) 일정립(一頂笠) : 삿갓의 이름. 여기서는 위산의 종지를 뜻한다.

30) 막요촌(莫傜村) : 위산의 아랫마을. 수,당 초기에 공을 세워 그 자손들은 대대로 부역이 면제되었다고 하는 동네.

"노승이 죽은 뒤에는 산 밑에 가서 검정 암소〔水牯牛〕가 되어 왼쪽 겨드랑이 밑에다 위산의 승려 아무개라 다섯 자를 쓰겠는데, 이때에 위산이라 하자면 검정 암소이고, 검정 암소라고 하자면 위산이니 무어라 해야 되겠는가?"[31)]

대사가 종풍을 가르친 지 40여 년에 통달한 이는 셀 수 없었으며 입실한 제자는 41인이었다.

당의 대중(大中) 7년 정월 9일에 세수하고 편안히 앉아 태연히 입적하니, 수명은 83세이고 법랍(法臘)은 64세였다. 위산에다 탑을 세우니 대원 선사(大圓禪師)라 시호를 내렸고, 탑은 청정(淸淨)이라 하였다.

老僧百年後向山下作一頭水牯牛。左脅書五字云潙山僧某甲。此時喚作潙山僧。又是水牯牛。喚作水牯牛。又云潙山僧。喚作什麼即得(雲居代云。師無異號。資福代作圓相。托起古人頌云。不道潙山不道牛。一身兩號實難酬。離却兩頭應須道。如何道得出常流)。師敷揚宗教凡四十餘年。達者不可勝數。入室弟子四十一人。唐大中七年正月九日盥漱敷坐怡然而寂。壽八十三。臘六十四。塔於本山。勅諡大圓禪師。塔曰清淨。

31) 운거석(雲居錫)이 대신 말하기를 "스님에게는 다른 법호가 없습니다." 하였다. 자복(資福)이 대신 일원상을 그려서 일으켜 미는 시늉을 하고, 옛 사람의 싯구를 들어 말하기를 "위산이라 할 수도 없고 소라 할 수도 없으니, 한 몸에다 두 이름을 붙이기란 실로 어렵구나. 두 가지를 떠나서 말해봐라. 어떻게 말해야 예삿무리에서 벗어나겠는가?" 하였다. (원주)

☁ 원주를 불러 원주가 오니 “원주를 불렀는데 그대가 왜 왔느냐?” 했을 때

대원은 “무엇을 보십니까?” 하리라.

☁ “약산의 거룩한 모습이 어떻던가?” 하니 “열반 뒤에도 있습니다.” 하자 “열반 뒤에 어떻게 있는가?” 했을 때

대원은 “석등이 나 먼저 누설합니다.” 하리라.

☁ “저 늙은이도 500명 대중쯤은 거느리겠다.” 했을 때

대원은 “그렇기는 하오나 한 그림자마저 없답니다.” 하리라.

홍주(洪州) 황벽(黃檗) 희운(希運) 선사

희운 선사[32]는 민(閩)지방 사람으로 어릴 때에 고향의 황벽산에서 출가하였는데, 이마 사이가 살이 솟아올라 구슬 같았고 음성이 낭랑하며 의지가 깊고 맑았다.

나중에 천태산(天台山)으로 가는 길에 어떤 승려를 만나 같이 웃으며 이야기를 나누는데, 마치 익히 아는 사이처럼 대하기에 자세히 보니 눈의 광채가 사람을 쏘듯 하였다. 그와 같이 가다가 때마침 개울물이 넘쳐서 삿갓을 벗고 지팡이를 세우고 멈추게 되었다. 이때에 그 승려가 대사를 데리고 같이 건너겠다고 하니 대사가 말하였다.

"건너려거든 스님이나 건너시오."

그 승려가 옷을 걷고 거센 물을 딛고 건너기를 마치 평지를 걷는 것처럼 하면서 돌아보고 말하였다.

洪州黃檗希運禪師。閩人也。幼於本州黃檗山出家。額間隆起如肉珠。音辭朗潤志意沖澹。後遊天台逢一僧。與之言笑如舊相識。熟視之目光射人。乃偕行屬澗水暴漲。乃捐笠植杖而止。其僧率師同渡。師曰。兄要渡自渡。彼即褰衣躡波若履平地。迴顧云。

32) 희운 선사(? ~ 850).

"건너오시오, 건너오시오."

대사가 말하였다.

"애석하구나〔自了漢〕[33]. 저런 놈인 줄 진작 알았더라면 내가 너의 다리를 꺾어 놓았을 것이다."

그 승려가 이 말에 탄복하여 말하였다.

"참으로 대승의 법기이시니 나로서는 미치지 못할 바입니다."

말을 마치고는 이내 사라졌다.

대사가 나중에 서울을 다니면서 사람들을 깨우쳐 주기 위해 백장에게 가서 뵙고 물었다.

"위로부터 전해오는 종승(宗乘)을 어떻게 보여주십니까?"

백장이 말없이 보이니, 대사가 말하였다.

"뒷사람들로 하여금 끊어지지 않도록 하십시오."

백장이 말하였다.

"장차 네가 이 가운데 사람이 되리라."

渡來渡來。師曰。咄遮自了漢。吾早知當斫汝脛。其僧歎曰。真大乘法器我所不及。言訖不見。師後遊京師。因人啟發乃往參百丈。問曰。從上宗承如何指示。百丈良久。師云。不可教後人斷絕去也。百丈云。將謂汝是箇人。

33) 자료한(自了漢) : 원문의 자료한(自了漢)은 오직 자기만 돌보고 전체를 돌보지 않는 자를 말한다.

그리고는 일어나서 방장으로 들어가니, 대사가 뒤를 따라 들어가서 말하였다.

"저는 특별히 왔습니다."

"그렇다면 뒷날에 나를 저버리지 마라."

어느 날 백장이 대사에게 물었다.

"어디를 갔다 오는가?"

"대웅산(大雄山) 밑에서 버섯을 따고 옵니다."

"호랑이를 보았는가?"

대사가 호랑이 소리 흉내를 내니, 백장이 도끼를 들고 찍으려는 시늉을 하였다. 대사가 백장을 한 대 갈기니, 백장이 껄껄 웃고는 돌아가 버렸다.

법상에 올라 대중에게 말하였다.

"대웅산 밑에 큰 호랑이가 한 마리 있으니 여러분은 조심하시오. 늙은 백장도 오늘 한 차례 물렸소."

乃起入方丈。師隨後入云。某甲特來。百丈云。若爾則他後不得孤負吾。百丈一日問師。什麼處去來。曰大雄山下采菌子來。百丈曰。還見大蟲麼。師便作虎聲百丈拈斧作斫勢。師即打百丈一摑。百丈吟吟大笑便歸。上堂謂眾曰。大雄山下有一大蟲汝等諸人也須好看。百丈老漢今日親遭一口。

대사가 남전(南泉)에 있을 때에 울력으로 나물을 다듬는데 남전이 물었다.

“어디를 가는가?”

“나물을 다듬으러 갑니다.”

“무엇으로 다듬는가?”

대사가 칼을 번쩍 드니, 남전이 말하였다.

“다만 손님 노릇만 할 줄 알고 주인 노릇은 할 줄 모르는구나.”

그러자 대사가 세 번을 쳤다.

어느 날 남전이 대사에게 말하였다.

“내가 우연히 목우가(牧牛歌)[34]를 지었는데 장로가 화답해 주게.”

“저에게는 따로 스승이 계십니다.”

대사가 하직하고 떠나는데, 남전이 문 밖까지 전송을 나왔다가 대사의 삿갓을 번쩍 들고 말하였다.

師在南泉時普請擇菜。南泉問。什麼處去。曰擇菜去。南泉曰。將什麼擇。師舉起刀子。南泉云。只解作賓不解作主。師扣三下。[35]一日南泉謂師曰。老僧偶述牧牛歌。請長老和。師云。某甲自有師在。師辭南泉。門送提起師笠子云。

---

34) 목우가(牧牛歌) : 마음을 찾아 길들이고 닦아가는 마음 수련의 노래. 목우는 십우(十牛)의 하나이다.

35) 南泉云。只解作賓不解作主。師扣三下가 송, 원나라본에는 南泉曰。大家擇菜去로 되어 있다.

"장로의 몸은 몹시 큰데 삿갓은 너무 작구나."

대사가 말하였다.

"비록 이러하나 대천세계가 모두 이 속에 있습니다."

남전이 일렀다.

"왕노사여, 적(聻)[36]."

대사는 그대로 삿갓을 쓰고 떠났다.

그 뒤에 홍주 대안사(大安寺)에 머물렀는데 학자들이 밀물같이 모였다. 왕릉 지방을 다스리던 정승 배휴가 큰 선원을 짓고 대사에게 설법을 청하였는데, 대사가 본래 살던 산을 몹시 사랑하므로 다시 이곳을 황벽이라 불렀다.

나중에 또 고을로 청해 모시고 자기가 저술한 글 한 편을 대사에게 보이니, 대사는 이를 받아서 자리 옆에 놓고 전혀 훑어보지도 않고 말없이 보이고 말하였다.

長老身材勿量大。笠子太小生。師云。雖然如此大千世界總在裏許。南泉云。王老師聻。師便戴笠子而去。後居洪州大安寺海眾奔湊。裴相國休鎮宛陵。建大禪苑請師說法。以師酷愛舊山。還以黃檗名之。又請師至郡以所解一編示師。師接置於座略不披閱。良久云。

36) 적(聻) : 중국의 풍습에 귀신을 쫓기 위해 문 앞에 써 붙이는 글자.

"알겠는가?"

"모르겠습니다."

"만일 이렇게 안다면 비슷해지겠지만 종이나 먹으로 표시한다면 어찌 나의 종지라 하겠는가?"

배휴는 다시 시 한 수를 지어 바쳤다.

대사에게 심인(心印)을 전해 받은 뒤로부터
이마에 구슬 있는 일곱 자 큰 몸이
석장 걸고 10년을 촉수(蜀水)에 살다가
부배(浮盃)에서 오늘날 장빈(章濱)을 건너왔네

천 명의 대덕(大德)들이 높은 걸음 뒤를 따라
만 리의 향화로서 좋은 인연 맺고서

會麼。公云。未測。師云。若便恁麼會得猶較些子。若也形於紙墨何有吾宗。裴乃贈詩一章曰。

自從大士傳心印
額有圓珠七尺身
掛錫十年棲蜀水
浮盃今日渡章濱
一千龍象隨高步
萬里香華結勝因

스승을 섬기어 제자 되기 원하는데
그 법을 누구에게 전해 주려 하시는지 알 수 없어라.[37]

擬欲事師為弟子
不知將法付何人

(觀前所敘。則運禪師居洪州大安寺。後裴公在宣州刱寺請師居之。號曰黃檗。而贈以詩也。然所敘之事與詩意全不相合。今詳此詩。乃裴公在洪州時作也。言挂錫十年棲蜀水者。謂師先住高安之黃檗已十年也。按前漢地理志。豫章郡建成縣有蜀水。建成者即唐之高安縣也。浮盃今日渡章濱者。謂自黃檗請師來至洪城也。按前漢地理誌。豫章水出贛縣西南北入大江。洪州城在章水之濱。而郡名豫章也。又裴公作傳心法要序云。有大禪師號希運。住洪州高安縣黃檗山鷲峯下。海眾常千餘人。予會昌二年廉于鍾陵。自山迎至州憩龍興寺。旦夕問道。

37) 앞의 서술을 보자면, 희운 선사가 홍주 대안사에 거주했었는데, 후에 배공이 선주에 사찰을 짓고 대사를 청하여 여기에 거주하게 하고 황벽사라고 불렀다. 그리고 시를 드렸다. 그러나 서술한 일과 시의 뜻이 서로 전혀 부합되지 않는다. 지금 상세히 이 시를 보면, 이것은 배공이 홍주에 있던 시절에 쓴 것이다. '석장 걸고 10년을 촉수에 살았다'라는 말은 희운 선사가 먼저 고안의 황벽에서 이미 10년 살았다는 말이다.
전한의 지리지에 따르면 예장군 건성현에 촉수가 있는데, 건성현은 당나라 때의 고안현이다. '부배에서 오늘날 장빈을 건너왔네'라는 말은 황벽으로부터 대사를 청하여 홍성에 이르렀는데 전한의 지리지에 따르면 예장은 장빈의 서남에서 나와서 북으로 큰 강에 들어간다 하였으니 홍주성이 장수의 곁에 있고 군(君)의 이름도 예장이기 때문이다.
또 배공이 지은 『전심법요』 서문에 이르기를 "호가 희운인 대선사가 있었다. 홍주 고안현 황벽산의 취봉 밑에 살았는데, 대중들이 항상 천 명이 넘었다.
내가 회창(會昌) 2년에 종릉(鍾陵)을 다스리러 나왔다가 산에서 고을로 모셔서 용흥사(龍興寺)에 묵으시게 하고 조석으로 도를 물었다.

대사는 여전히 기뻐하는 기색이 없었다. 이로부터 황벽의 문풍(門風)이 강남 지역에 번성하였다.

大中二年廉于宛陵。復禮迎至所部。寓開元寺云云。鍾陵洪州也。宛陵宣州也。觀此序所述。亦謂師先住高安黃檗。而裴公請至洪州。與前詩正合。逮其廉于宣州。雖復迎請師。但寓開元寺而已。初無建寺之說。不知本章何以差誤若此。蓋當以裴公法要序與詩為正。且會昌三年武宗廢教其二年。言師居黃檗已十載。此必然之理也。裴公在宣州請師。乃大中重興之後。而師再聚徒於黃檗之時也。故千頃南公章中云。大中初裴公出撫宛陵。請黃檗和尚出山。而南公隨之也。其餘在裴公章中辨之矣)。[38]師亦無喜色。自爾黃檗門風盛於江表矣。

---

38) 대중(大中) 2년에는 완릉(宛陵)을 다스리러 나왔다가 다시 임지로 예의롭게 모셔다가 개원사(開元寺)에 계시게 하고….”라고 하였다.
종릉은 홍주이고, 완릉은 선주이다. 이 서문의 글을 보더라도 대사가 먼저 고안의 황벽사에 계신 것을 배공이 청하여 홍주로 모셨다 했으니 이것은 앞의 시와 부합된다.
후에 선주로 옮겼을 때에 비록 다시 대사를 청해 모셨으나 다만 개원사에 머물렀다 했을 뿐 처음부터 사찰을 지었다는 말이 없는데 본장에서는 왜 이렇게 착오가 나는지 모르겠다. 그러므로 응당 배공의 『전심법요』의 서문과 시가 맞는 것으로 삼아야 한다.
또 회창 3년은 무종이 불교를 폐한 지 2년이 되는 때인데, 대사가 황벽사에 이미 10년을 거주했으니, 이것은 필연코 당연한 일이다.
배공이 선주에서 대사를 청한 것은 대중(大中) 때에 (불교를) 중흥한 뒤의 일이니, 바로 대사가 다시 황벽사에서 무리들을 모을 때이다.
그러므로 천경(千頃) 남공장(南公章)에 이르기를 “대중(大中) 초에 배공이 완릉을 다스리러 나갔다가 황벽 화상께 산에서 나오시라 청하니 남공도 따라갔다.”라고 하였다. 그 밖의 것은 배공장(裴公章) 가운데 있다. (원주)

어느 날 상당하여 대중이 구름처럼 모이자 말하였다.

"그대들은 무엇을 구하는가?"

그리고는 몽둥이로 쫓아내면서 말하였다.

"모두가 술찌꺼기를 먹는 놈들이니, 그렇게 행각을 하다가는 남에게 비웃음을 당할 것이다. 8백 명, 천 명이 모인 곳이 있다면 가보아라. 공연히 흥분하여 떠들어대기나 하는 것은 옳지 않다.

노승이 행각할 때에는 풀뿌리 밑에서 한 사람을 만나더라도 정수리에다 한 바늘 찔러 보아서 아픈 줄 알면 자루에다 쌀을 담아다가 공양할 만했다. 가령 너희들처럼 이같이 쉬웠다면 어떻게 오늘의 일이 있었겠는가? 그대들이 행각을 하려 한다면 반드시 정신을 바짝 차려야 한다. 대당국(大唐國) 안에 선사가 없음을 알겠는가?"

一日上堂大眾雲集。乃曰。汝等諸人欲何所求。因以棒趁散云。盡是喫酒糟漢恁麼行脚取笑於人。但見八百一千人處便去。不可只圖熱鬧也。老漢行脚時或遇草根下有一箇漢。便從頂上一錐看他。若知痛痒。可以布袋盛米供養。可中總似汝如此容易。何處更有今日事也。汝等既稱行脚。亦須著些精神好。還知道大唐國內無禪師麼。

그때 어떤 승려가 나서서 물었다.

"제방의 존숙(尊宿)들 모두가 대중을 모아놓고 교화하는데 어찌하여 선사가 없다 하십니까?"

대사가 말하였다.

"선(禪)이 없다는 것이 아니라 선사가 없다 했을 뿐이다. 그대는 보지 못했는가? 마 대사의 회하에 84인이 도량에 앉았는데 마 대사의 바른 안목을 이어받은 이는 불과 두세 사람이니, 여산 화상이 그 중의 한 분이다.

출가한 사람은 위로부터 전해오는 일에 명확해야 한다. 4조 아래의 우두(牛頭) 융(融) 대사가 이렇게도 설하고 저렇게도 설했지만 그럼에도 구경의 마지막 경지는 알지 못했었다.

이런 것을 가려내는 안목과 두뇌라야 바야흐로 삿되고 바른 종문과 당파를 가려낼 수 있다.

時有一僧出問云。諸方尊宿盡聚眾開化。為什麼道無禪師。師云。不道無禪只道無師。闍梨不見。馬大師下有八十四[39]人坐道場。得馬師正眼者。止三兩人。廬山和尚是其一人。夫出家人須知有從上來事分。且如四祖下牛頭融大師橫說竪說。猶未知向上關棙子。有此眼腦方辨得邪正宗黨。

39) 四가 송, 원나라본에는 八로 되어 있다.

또 자신의 일은 실답게 깨달아 알지 못한 채 다만 말만을 배워서 가죽 주머니에 넣고 가는 곳마다 자기가 선을 안다고 칭하지만, 그대들의 생사를 면하게 할 수 있겠는가?

노숙(老宿)들을 가벼이 여기면 화살과 같이 지옥에 빠지리라. 나는 막 문 안에 들어오는 것만 봐도 바로 그대를 안다.

잘 알겠는가? 서둘러 노력하라. 쉬운 일로 여겨서 한 조각 옷을 들고 입에 밥을 넣으면서 일생을 헛되이 보내지 말라. 눈밝은 사람이 비웃을 것이다.

오랜 뒤에 모두가 속물의 수효에 들게 되리니 마땅히 멀고 가까움을 잘 살펴라. 이것이 누구의 급한 일이겠는가? 만일 알면 바로 안 것이요, 만약 알지 못하면 흩어져라."

"어떤 것이 서쪽에서 오신 뜻입니까?"

대사가 바로 때렸다.

且當人事實[40]不能體會得。但知學言語。念向皮袋裏安著到處稱我會禪。還替得汝生死麼。輕忽老宿入地獄如箭。我纔見入門來。便識得汝了也。還知麼。急須努力莫容易事。持片衣口食空過一生。明眼人笑。汝久後總被俗漢算將去在。宜自看遠近。是阿誰面上事。若會即便會。若不會即散去。問如何是西來意。師便打。

40) 實이 송, 원나라본에는 宜로 되어 있다.

그 밖에 베풀어 설한 것도 모두가 상근기에 대한 것이요, 중근기와 하근기 무리는 엿보지도 못하는 것이었다.

당의 대중(大中) 때에 황벽산에서 임종하니 단제 선사(斷際禪師)라 시호를 하사 하였고, 탑은 광업(廣業)이라 하였다.

自餘施設皆被上機。中下之流莫窺涯涘。唐大中年終於本山。勅諡斷際禪師。塔曰廣業。

토끼뿔

"장로의 몸은 몹시 큰데 삿갓은 너무 작구나." 했을 때

당시 대원이라면 한 대 먹이며 "여기 이렇게 쓰는 삿갓입니다." 하며 삿갓을 쓰고 나왔을 것이다.

"험."

항주(杭州) 대자산(大慈山) 환중(寰中) 선사

환중 선사는 포판(蒲坂) 사람으로 성은 노(盧)씨이다. 정수리의 뼈가 둥글게 솟았고 음성이 종소리 같았는데, 어릴 때에 어머니를 잃자 무덤 곁에서 움막을 짓고 지냈다. 삼년상을 마치고 상복을 벗어〔服闋〕[41] 망극한 은혜에 보답하였다.

병주(并州)의 동자사(童子寺)에서 출가하였으며 숭악(嵩嶽)에서 계를 받고 온갖 계율을 익혔다.

나중에 백장을 뵙고 심인(心印)을 받았으며, 그곳을 떠나 남악의 상락사(常樂寺)로 가서 산봉우리에다 띠집을 짓고 살았다.

어느 날 남전이 와서 물었다.

"어떤 것이 암자 안의 주인인가?"

杭州大慈山寰中禪師。蒲坂人也。姓盧氏。頂骨圓聳其聲如鍾。少丁母憂廬於墓所。服闋思報罔極。於并州童子寺出家。嵩嶽登戒習諸律學。後參百丈受心印。辭往南嶽常樂寺結茅於山頂。一日南泉至問。如何是庵中主。

41) 복결(服闋) : 원문의 복결(服闋)은 상례에서 삼년상을 마치고 상복을 벗는 것을 뜻한다.

대사가 대답하였다.

"아이고! 아이고!"

"'아이고!'는 그만두고 어떤 것이 암자 안의 주인인가?"

"알기야 아는 것이라겠지만 수다스럽게 굴지 마시오."

남전이 옷소매를 흔들고 나가 버렸다.

나중에 절강의 북쪽 대자산에 가서 머물렀는데, 법상에 올라 말하였다.

"산승은 문답은 할 줄 모르고 병(病)만을 안다."

이때에 어떤 승려가 대사의 앞으로 나와서 서니, 대사는 자리에서 내려와 방장실로 돌아갔다.[42]

師云。蒼天蒼天。南泉云。蒼天且置。如何是庵中主。師云。會即便會莫忉忉。南泉拂袖而出。後住浙江北大慈山。上堂云。山僧不解答話。只能識病。時有一僧出師前立。師便下座歸方丈(法眼云。眾中喚作病在目前不識。玄覺云。且道大慈識病不識病。此僧出來是病不是病。若言是病。每日行住不可總是病。若言不是病出來。又作麼生)。

42) 법안(法眼)이 말하기를 "대중 사이에 병이 목전에 있다고 해도 모르는구나." 하였다.

현각(玄覺)이 말하기를 "말해 봐라. 대자가 병을 아는가, 알지 못하는가? 이 승려가 나온 것이 병인가, 병이 아닌가? 만약 이것이 병이라 말한다면 매일 행하고 머무는 것이 모두 다 이 병이 아니겠는가? 만약 병이 아니라 말한다면 나와서 무엇하겠는가?" 하였다. (원주)

조주가 물었다.

"반야는 무엇을 체로 삼습니까?"

대사가 말하였다.

"반야는 무엇을 체로 삼는가?"

조주가 껄껄 웃으면서 나갔는데, 이튿날 조주가 마당 쓰는 것을 보고 대사가 물었다.

"반야는 무엇을 체로 삼는가?"

조주가 비를 놓고 손뼉을 치면서 크게 웃으니, 대사는 방장으로 돌아가 버렸다.

어떤 승려가 하직하니 대사가 물었다.

"어디로 가는가?"

"강서(江西)에 잠시 다녀오겠습니다."

"내가 그대에게 한 가지 수고를 끼쳐야겠는데 되겠는가?"

"화상께 무슨 일이 있습니까?"

"가거든 노승을 모시고 가라."

趙州問。般若以何為體。師云。般若以何為體。趙州大笑而出。師明日見趙州掃地。問般若以何為體。趙州置箒拊掌大笑。師便歸方丈。有僧辭。師云。去什麼處。僧云。暫去江西。師云。我勞汝一段事得否。僧云。和尚有什麼事。師云。將取老僧去。

승려가 말하였다.

"화상을 능가하는 사람이라도 또한 모시고 갈 수 없습니다."

대사가 그만 두었다.

나중에 그 승려가 동산에게 이야기하니 동산이 말하였다.

"그대여, 어찌 그러한 말이 맞겠는가?"

"화상께서는 어찌하시겠습니까?"

"모셨다."[43]

동산이 또 그 승려에게 물었다.

"대자(大慈)가 특별히 무슨 말이 있던가?"

"때로는 대중에게 보이고 말씀하시기를 '한 길을 말하는 것이 한 자 걷는 것만 못하고, 한 자를 말하는 것이 한 치를 걷는 것만 못하다.'라고 하셨습니다."

"나 같으면 그렇게 말하지 않겠다."

"어찌하시겠습니까?"

僧云。更有過於和尚者。亦不能將得去。師便休。其僧後舉似洞山。洞山云。闍梨爭合恁麼道。僧云。和尚作麼生。洞山云。得(法眼別云。和尚若去某甲提笠子)。洞山又問其僧。大慈別有什麼言句。僧云。有時示衆云。說得一丈不如行取一尺。說得一尺不如行取一寸。洞山云。我不恁麼道。僧云。作麼生。

43) 법안(法眼)이 따로 말하기를 "화상께서 만약 가시겠다 하면 저는 삿갓을 들겠습니다." 하였다. (원주)

동산이 말하였다.

"행할 수 없는 것을 말하고, 말할 수 없는 것을 행하라."[44)]

나중에 당의 무종이 불교를 탄압하자 대사는 속인의 옷을 입고 숨어 살다가 대중(大中) 임신(壬申)에 다시 머리를 깎고 종지를 크게 선양하였다.

함통(咸通) 3년 2월 15일에 병 없이 임종하니, 수명은 83세이고 법랍은 54세였다. 희종(僖宗)이 성공 대사(性空大師)라 시호를 내리고 탑호를 정혜(定慧)라 하였다.

洞山云。說取行不得底。行取說不得底(雲居云。行時無說路。說時無行路。不說不行時合行什麼路。樂普云。行說俱到即本事無。行說俱不到即本事在)。後屬唐武宗廢教。師短褐隱居。大中壬申歲重剃染大揚宗旨。咸通三年二月十五日不疾而逝。壽八十三。臘五十四。僖宗諡性空大師定慧之塔。

---

44) 운거(雲居)가 말하기를 "행할 때엔 말할 길이 없고 말할 때엔 행할 길이 없다 하였으니, 말하지도 행하지도 않을 때엔 어느 길로 가야 하겠는가?" 하였다.
낙보(樂普)가 말하기를 "행과 말이 함께 이르면 본래 일이 없고, 행과 말이 함께 이르지 못하면 바탕에 일이 있다." 하였다. (원주)

"가거든 노승을 모시고 가라." 했을 때

대원은 "선사님." 하고,
"모시고 가라 하시는데 삿갓을 쓰시겠습니까?" 하리라.

천태산(天台山) 평전(平田) 보안(普岸) 선사

보안 선사는 홍주(洪州) 사람이다. 백장의 문하에서 종지를 얻은 뒤 천태산의 뛰어난 경치에서 성현이 나온다는 말을 듣고, 세속을 벗어나〔方外〕[45] 성현들의 종적을 멀리서나마 따르기 위해 은거해서〔高蹈〕[46] 띠집을 짓고 잡초를 베어버린 후 숲 밑에서 조용히 살았다.

세월이 흐름에 따라 사방의 무리들에게 차츰 알려져서 사찰을 짓고 평전 선원이라 하였다.

어느 때 대중에게 말하였다.

"신기로운 광채가 매하지 않아 만고에 빛나니, 이 문에 들어와서는 알음알이를 두지 말라."

天台平田普岸禪師洪州人也。於百丈門下得旨。後聞天台勝概聖賢間出。思欲高蹈方外遠追遐躅。乃結茅薙草宴寂林下。日居月諸為四衆所知。創建精藍號平田禪院焉。有時謂衆曰。神光不昧萬古徽猷。入此門來莫存知解。

45) 방외(方外) : 원문의 방외(方外)는 세속을 벗어난 세계라는 뜻이다.

46) 고도(高蹈) : 원문의 고도(高蹈)는 은거(隱居)하다는 뜻이다.

어떤 승려가 와서 뵈니 대사가 주장자로 한 번 때렸다.

그 승려가 가까이 와서 주장자를 잡으니, 대사가 말하였다.

"노승이 방금 경솔했구나〔造次〕[47]."

승려가 대사를 주장자로 한 방망이 때리니, 대사가 말하였다.

"작가(作家)로구나, 작가야."

그 승려가 절을 하니, 대사가 붙들고 말하였다.

"이 승려가 경솔하구나."

그 승려가 크게 웃으니, 대사가 말하였다.

"둘 다 오늘 크게 패했구나."

언젠가 게송으로 대중에게 보이고 말하였다.

有僧到參。師打一拄杖。其僧近前把住拄杖。師曰。老僧適來造次。僧却打師一拄杖。師曰。作家作家。僧禮拜。師把住曰。是闍梨造次。僧大笑。師曰。這箇師僧今日大敗也。有偈示衆曰。

47) 조차(造次) : 원문의 조차(造次)는 경솔(輕率)하다는 뜻이다.

큰 도는 비고 가없어
항상 한결같은 참 마음이니
선도 악도 생각하지 마라
신령하고 청정하여 사물의 밖이어서〔物表〕[48)]
인연 따라 먹고 마시니
그 밖에 다시 무엇이 있으랴

본원에서 임종하니 지금도 산문에 탑이 남아 있다. 송조(宋朝)에서 더욱 잘 중수하고 수창(壽昌)이라는 현판을 하사하니, 보안 선사는 곧 수창의 개산 화상이다.

大道虛曠
常一真心
善惡勿思
神清物表
隨緣飲啄
更復何為
終於本院。今山門有遺塔存焉。宋朝重加修飾賜額曰壽昌。岸禪師即壽昌開山和尚也。

---

48) 물표(物表) : 원문의 물표(物表)는 사물 밖, 세속의 밖이라는 뜻이다.

토끼뿔

그 중이 가까이 와서 주장자를 잡았을 때

대원은 “이 주장자를 사용해도 한 방망이요, 사용하지 않아도 한 방망이니 어떻게 하겠는가?” 해서, 그 중이 어떻게 응해 오는가를 보아서 이끌었을 것이다.

여러분이라면 어떻게 하겠는가?

균주(筠州) 오봉(五峯) 상관(常觀) 선사

상관 선사에게 어떤 승려가 물었다.
"어떤 것이 오봉의 경지입니까?"
"험(險)."
"어떤 것이 그 경지 안의 사람입니까?"
"색(塞)."

어떤 승려가 하직하니 대사가 말하였다.
"그대여, 어디로 가려는가?"
"오대산(五臺山)으로 갑니다."
대사가 손가락 하나를 세우고 말하였다.
"만약 문수를 보았다면, 돌아와 여기서 너와 서로 만나리라."
그 승려가 대답이 없었다.

筠州五峯常觀禪師有僧問。如何是五峯境。師云。險。僧云。如何是境中人。師云。塞。有僧辭師云。闍梨向什麼處去。僧云。臺山去。師豎起一指云。若見文殊了。却來這裏與汝相見。僧無對。

대사가 어떤 승려에게 물었다.
"그대는 소를 본 적이 있는가?"
"보았습니다."
"왼쪽 뿔을 보았는가, 오른쪽 뿔을 보았는가?"
그 승려가 대답이 없으니, 대사가 스스로 대신 대답하였다.
"보면 왼쪽도 오른쪽도 없다."[49]

또 어떤 승려가 하직하니 대사가 말하였다.
"그대가 제방(諸方)에 가거든 노승이 여기에 있다고 비방하지 마라."
"저는 화상께서 여기에 계시다고 말하지 않습니다."
"그대는 노승이 어디에 있다고 여기는가?"
그 승려가 손가락 하나를 세우니, 대사가 말하였다.
"그것이 벌써 노승을 비방한 것이다."

師問一僧。汝還見牛麼。僧云。見。師云。見左角。見右角。僧無對。師自代云。見無左右(仰山別云。還辨左右麼)。又有僧辭師云。汝去諸方莫謗老僧在這裏。僧云。某甲不道和尚在這裏。師云。汝道老僧在什麼處。僧竪起一指。師云。早是謗老僧也。

49) 앙산(仰山)이 따로 말하기를 "여전히 좌우를 분별하는 것이다" 하였다. (원주)

토끼뿔

ᔕ "만약 문수를 보았다면, 돌아와 여기서 너와 서로 만나리라." 했을 때

"새삼스럽습니다. 기다릴 것 없습니다." 하고 크게 웃고 나왔어야 했다.

ᔕ "왼쪽 뿔을 보았는가, 오른쪽 뿔을 보았는가?" 했을 때

대원은 "보았다면 진실로 본 것이겠습니까? 그 도리를 지금 뜰 밑의 꽃들도 이릅니다." 하리라.

담주(潭州) 석상산(石霜山) 성공(性空) 선사

성공 선사에게 어떤 승려가 물었다.

"어떤 것이 서쪽에서 오신 뜻입니까?"

대사가 말하였다.

"어떤 사람이 천 길 우물 속에 빠졌는데 그대가 만약 한 치의 노끈도 쓰지 않고 그 사람을 건져낸다면, 곧 그대에게 서쪽에서 오신 뜻을 대답해 주리라."

승려가 말하였다.

"요사이 호남(湖南)에 창(暢) 화상이 세상에 나셨는데 사람들이 이러쿵저러쿵 말합니다."

대사가 사미[50]를 불러서 분부하였다.

"이 송장을 끌어내라."

사미가 나중에 탐원에게 물었다.

"어찌해야 우물 속의 사람을 건져내겠습니까?"

潭州石霜山性空禪師。僧問。如何是西來意。師曰。若人在千尺井中。不假寸繩你若出得此人。即答汝西來意。僧曰。近日湖南暢和尚出世。亦為人東語西話。師喚沙彌。拽出死屍著(沙彌即仰山也)。沙彌後舉問耽源。如何出得井中人。

---

50) 이 사미가 곧 앙산이다. (원주)

탐원이 말하였다.

“에잇, 어리석은 놈아, 누가 우물 속에 있단 말이냐?”

앙산이 나중에 위산에게 물었다.

“어찌해야 우물 속의 사람을 건져내겠습니까?”

위산이 “혜적(慧寂)아.” 하고 불러 혜적이 대답하니, 위산이 말하였다.

“나왔구나.”

혜적이 앙산에 머물게 되었을 때 앞의 말을 들어서 대중에게 말하였다.

“나는 탐원 화상에게서 이름을 얻었고, 위산 화상에게서 바탕을 얻었다.”

耽源曰。咄癡漢誰在井中。仰山後問潙山。如何出得井中人。潙山乃呼慧寂。寂應諾。潙山曰。出也。及住仰山嘗舉前語謂眾曰。我在耽源處得名。潙山處得地。

토끼뿔

옳기는 옳으나 "나왔구나."라는 뒷말은 없었으면 좋았을 텐데 하는 아쉬움이 없지 않다.

왜냐하면 그 말은 거의 설파이기 때문이다. "나왔구나."라는 말을 해서 확신을 갖게 해준 것이지만, 또한 그런 말로 인해서 후래에 건혜자들이 나올 수도 있기 때문이다.

"어찌해야 우물 속의 사람을 건져내겠습니까?" 했을 때

대원이라면 방바닥이나 한 번 치고 자리를 떠나 나오면서 "험."을 함도 빼지 않았을 것이다.

복주(福州) 대안(大安) 선사

대안 선사는 복주 사람으로 성은 진(陳)씨이다. 어릴 때에 황벽산(黃檗山)에서 공부하면서 계율을 두루 익혔는데, 스스로 생각하기를 '아무리 애써 고행하여도 현묘하고 지극한 진리는 듣지 못했다.'고 하면서 혼자서 석장을 들고 길을 떠났다. 홍주(洪州)로 가는 길에 상원(上元)까지 왔을 때 한 노인을 만났는데, 그가 대사에게 말하였다.

"대사가 남창으로 가면 반드시 얻는 바가 있을 것입니다."

대사는 바로 백장에게 가서 절을 하고 물었다.

"학인이 부처를 알고자 하는데 어느 것이 바로 그것입니까?"

"흡사 소를 타고 소를 찾는 것 같구나."

"안 뒤에는 어떠합니까?"

"마치 사람이 소를 타고 집에 이른 것 같느니라."

福州大安禪師者。本州人也。姓陳氏。幼於黃檗山受業聽習律乘。嘗自念言。我雖勤苦而未聞玄極之理。乃孤錫遊方將往洪州路出上元逢一老父。謂師曰。師往南昌當有所得。師即造於百丈。禮而問曰。學人欲求識佛。何者即是。百丈曰。大似騎牛覓牛。師曰。識後如何。百丈曰。如人騎牛至家。

대사가 물었다.

"처음부터 마지막까지 어떻게 보림해야 합니까?"

백장이 말하였다.

"소를 먹이는 사람이 채찍을 들고 지켜보아 남의 곡식밭에 들지 않게 하는 것 같느니라."

대사가 이로부터 깊은 뜻을 깨달아 다시는 치달려 구하는 일이 없었다.

같이 배우던 영우(靈祐) 선사가 위산에 절을 지으니, 대사는 몸소 밭을 갈면서 수도하였다. 그러다가 영우 선사가 입적하자 대중들이 뒤를 이어 주지가 되기를 청하였다.

대사가 법상에 올라 대중에게 말하였다.

"여러분이 모두 나에게 와서 무엇을 찾고 있는가? 만일 부처가 되고자 하면 그대들 그대로가 부처인데, 옆집으로 달려 정신없이 헤매기를 마치 목마른 노루가 아지랑이를 쫓는 것 같으니 언제 뜻을 이루겠는가?

師曰。未審始終如何保任。百丈曰。如牧牛人執杖視之不令犯人苗稼。師自茲領旨更不馳求。同參祐禪師創居溈山也。師躬耕助道。及祐禪師歸寂。衆請接踵住持。師上堂云。汝諸人總來就安求覓什麼。若欲作佛汝自是佛而却傍家走。忽忽如渴鹿趁陽焰。何時得相應去。

그대들이 부처를 이루고자 하거든 다만 허다한 뒤바뀜 · 반연 ·망상 · 나쁜 지식 · 더러운 욕망 · 깨끗하지 못한 중생심만 없으면 바로 그대들의 초심이 곧 바르게 깨달은 부처이니, 어느 곳을 향하여 따로 찾겠는가?

나는 위산에 30년을 편안히 있으면서 위산의 밥을 먹고 위산에서 똥을 싸면서도 위산의 선을 배우지도 않았고, 다만 한 마리의 물소만 지키되 길에서 빠져 풀밭으로 들어가면 곧 끌어냈고, 남의 밭에 침범하면 채찍으로 때려서 조복시켰다. 오래되자 가련한 놈이 사람의 말을 잘 듣게 되어 지금은 드러난 땅에 가장 뛰어난 소로 변해서 항상 눈앞에 있어서 종일 훤히 드러난 바탕이라 편승하거나 바뀌지 않는다.

그대들은 모두가 값을 정할 수 없는 큰 보배를 가지고 있어서 눈으로는 광명을 놓아 산하대지를 비추고, 귀로는 광명을 놓아 일체 선악의 음성을 듣는다.

阿你欲作佛。但無如許多顚倒攀緣妄想惡覺垢欲不淨衆生之心。則汝便是初心正覺佛。更向何處別討所以。安在潙山三十來年。喫潙山飯屙潙山屎。不學潙山禪。只看一頭水牯牛。若落路入草便牽出。若犯人苗稼即鞭撻調伏。既久可憐生受人言語。如今變作箇露地白牛常在面前。終日露逈逈地。趁亦不去也。汝諸人各自有無價大寶。從眼門放光照山河大地。耳門放光領采一切善惡音響。

여섯 문으로 항상 광명을 놓으니 방광삼매(放光三昧)라고도 하거늘, 그대들 스스로가 알지 못하고 사대(四大)의 몸 가운데에 있는 그림자를 취한다.

안팎으로 붙들어 유지하여 기울지 않게 하려고 하는 것이 마치 사람이 무거운 짐을 지고 외나무 다리를 건널 때에 발을 헛디디지 않으려는 것과 같으니, 도대체 무슨 물건이기에 잡고 얻으려고 하는가? 이와 같이 그대들이 만약 털끝만치라도 찾았다 하면 보지 못한 것이다.

그러므로 지공 화상이 '안과 밖에서 찾으면 전혀 없으나 경계에서 활동할 때에는 어디에나 있다.'라고 하였다."

어떤 이가 물었다.

"일체 활동이 법신의 작용이라 하니 어떤 것이 법신입니까?"

대사가 말하였다.

"일체 활동이 법신의 작용이니라."

六門晝夜常放光明。亦名放光三昧。汝自不識取影在四大身中。內外扶持不教傾側。如人負重擔從獨木橋上過。亦不教失脚。且是什麼物任持便得。如是汝若覓毫髮即不見。故誌公和尚云。內外追尋覓。總無境上施為渾大有。問一切施為是法身用如何是法身。師云。一切施為是法身用。

어떤 승려가 물었다.

"오온을 떠나서 어떤 것이 본래의 몸입니까?"

대사가 말하였다.

"지(地)·수(水)·화(火)·풍(風)과 수(受)·상(想)·행(行)·식(識)이니라."

"그것은 오온이 아닙니까?"

"뛰어난 오온이니라."

"이 몸이 다하고, 저 몸을 받기 전에는 어떠합니까?"

"이 몸이 다하기 전에는 어떤 것이 그대인가?"

"모르겠습니다."

"만약 이 몸을 알면 저 몸도 알게 된다."

"큰 작용이 나타나서 법도에 얽매이지 않을 때에는 어떠합니까?"

"그대가 쓰려하면 다만 쓸 뿐이다."

그 승려가 옷을 벗고 대사를 세 바퀴 도니, 대사가 말하였다.

僧云。離却五蘊如何是本來身。師云地水火風受想行識。僧云。這箇是五蘊。師云。這箇異五蘊。問此陰已謝彼陰未生時如何。師云。此陰未謝那箇是大德。僧云。不會。師云。若會此陰便明彼陰。問大用現前不存軌則時如何。師云。汝用得但用。僧乃脫膊遶師三匝。師云。

"모든 것을 초월한 일은 어째서 말하지 못하는가?"

그 승려가 입을 열려 하니, 대사가 때리면서 말하였다.

"이 들여우 혼신아, 나가라."

어떤 승려가 법당에 올라와 좌우를 두리번거리면서 대사를 보지 않고 말하였다.

"좋은 법당인데 다만 사람이 없구나."

대사가 문으로 나오면서 말하였다.

"뭐 하느냐?"

그 승려가 대답이 없었다.

설봉 화상이 산에 갔다가 나뭇가지 하나를 얻었는데, 그 형상이 마치 뱀 같으므로 그 등에다 '본래 스스로 천연한 것이지, 만든 것이 아니다.' 라고 새겨서 대사에게 보내니, 대사가 말하였다.

"본래대로 산에서 사는 사람은 칼이나 도끼 흔적이 없다."

向上事何不道取。僧擬開口。師便打云。遮野狐精出去。有僧上法堂。顧視東西不見師。乃云。好箇法堂只是無人。師從門裏出云。作麼。無對。雪峯和尚因入山采得一枝木。其形似蛇。於背上題云。本自天然不假雕琢寄來與師。師云。本色住山人且無刀斧痕。

어떤 이가 대사에게 물었다.
"부처님이 어디에 계십니까?"
대사가 말하였다.
"마음을 여의지 않았다."
"쌍봉상인(雙峯上人, 6조)은 무엇을 얻었습니까?"
"법을 얻은 적도 없다. 설사 얻은 바가 있다 해도 얻은 것은 본래 얻는 것이 아니다."

어떤 승려가 물었다.
"황소(黃巢)[51]의 군대가 오면 화상은 어디로 피하시겠습니까?"
대사가 말하였다.
"오온산으로 간다."
"홀연히 그들에게 잡히면 어찌하겠습니까?"
"반란 장군이니라."

人問師。佛在何處。師云。不離心。又云。雙峯上人有何所得。師云。法無所得。設有所得得本無得。有僧問云。黃巢軍來和尚向什麼處迴避。師云。五蘊山中。僧云。忽被他捉著時如何。師云。惱亂將軍。

---

51) 황소(黃巢) : 황소의 난을 일으킨 장수.

대사가 민성(閩城)에서 크게 교화하기를 20여 년 계속하다가 당의 중화(中和) 3년 10월 22일에 황벽사(黃檗寺)로 돌아가서 병을 보이고 임종하였다.

능가산(楞伽山)에 탑을 세우고 원지 선사(圓智禪師) 증진(證眞)의 탑이라는 시호를 내렸다.

師大化閩城二十餘載。唐中和三年十月二十二日歸黃檗寺示疾而終。塔於楞伽山。勅謚圓智禪師證真之塔。

토끼뿔

ထ "큰 작용이 나타나서 법도에 얽매이지 않을 때에는 어떠합니까?" 했을 때

대원은 "어떠하냐?" 하리라.

ထ 또 "부처님이 어디에 계십니까?" 했을 때

대원은 손의 불자를 제자리에 걸었을 것이다.

복주(福州) 고령(古靈) 신찬(神贊) 선사

신찬 선사는 고향 복주의 대중사(大中寺)에서 공부하다가 나중에 행각을 나서서 백장을 만나 깨닫고 다시 본사로 돌아오니, 은사가 물었다.

“그대는 내 곁을 떠나서 어떤 업을 익히고 왔는가?

“아무런 업도 익히지 않았습니다.”

마침내 일을 맡아 하게 되었는데, 어느 날 은사가 목욕을 하다가 대사에게 때를 밀라 하니 대사가 등을 문지르면서 말하였다.

“좋은 법당인데 부처가 성스럽지 못하군요.”

그의 은사가 고개를 돌리니 대사가 또 말하였다.

“부처는 비록 성스럽지 못하나 광명은 놓는군요.”

어느 날 그의 은사가 창밑에서 경을 읽는데 벌이 들어왔다가 창호지에 부딪치면서 나가려고 하였다.

福州古靈神贊禪師。本州大中寺受業後。行脚遇百丈開悟。却迴本寺。受業師問曰。汝離吾在外得何事業。曰並無事業。遂遣執役。一日因澡身。命師去垢。師乃拊背曰。好所佛殿而佛不聖。其師迴首視之師曰。佛雖不聖且能放光。其師又一日在窓下看經。蜂子投窓紙求出。

대사가 이를 보고 말하였다.

"세계가 이렇게 넓은데 나가지 못하고 창호지만을 두드리니 나귀해〔驢年〕[52]에나 나가려나."

그의 은사가 경을 덮고 물었다.

"그대가 행각을 하다가 누구를 만났느냐? 내가 앞뒤로 그대의 말을 살펴보니 예사롭지 않구나."

"저는 백장 화상께서 쉴 곳을 가르쳐 주셨으니 이제 은사의 덕을 갚으려는 것뿐입니다."

그의 은사가 대중에게 고하여 공양을 장만하고 대사에게 설법을 청하니, 대사가 법상에 올라가서 백장의 문풍을 드러내고 이어 설법을 하였다.

"신령스런 광채가 홀로 빛나서 육근(六根)과 육진(六塵)을 초월했으니 본체의 참되고 항상함을 드러내어 문자에 걸리지 않습니다.

師覩之曰。世界如許廣闊不肯出。鑽他故紙驢年出得。其師置經問曰。汝行脚遇何人。吾前後見汝發言異常。師曰。某甲蒙百丈和尚指箇歇處。今欲報慈德耳。其師於是告衆致齋。請師說法。師登座舉唱百丈門風。乃曰。靈光獨耀逈脫根塵。體露真常不拘文字。

52) 나귀해〔驢年〕: 나귀해는 십이지(十二支)에 없는 해이다.

마음 성품은 물들지 않아서 본래 스스로 원만히 이루어져 있으니, 허망한 인연을 여의기만 하면 곧 여여한 부처입니다."

그의 은사가 이 말끝에 깨달아 감탄하면서 말하였다.

"늙어서 이런 극칙의 일을 듣게 될 줄을 어찌 기약이나 했으랴."

대사가 나중에 고령사(古靈寺)에 머물면서 대중을 모아 수년간 교화하였다. 열반이 가까워지자 머리를 깎고 목욕하고는 종을 친 뒤 대중에게 말하였다.

"그대들은 소리 없는 삼매를 알겠는가?"

대중이 말하였다.

"모르겠습니다."

"그대들은 조용히 들어라. 특별하게 사유하지 말라."

대중이 모두 귀를 기울이고 들으려 하는데 대사가 엄연히 입적하였다.

본산에다 탑을 세웠다.

心性無染本自圓成。但離妄緣即如如佛。其師於言下感悟曰。何期垂老得聞極則事。師後住古靈聚徒數載。臨遷化剃沐聲鍾。告眾曰。汝等諸人還識無聲三昧否。眾曰。不識。師曰。汝等靜聽莫別思惟。眾皆側聆。師儼然順寂。塔存本山焉。

토끼뿔

어떤 이가 대원에게 묻기를
"어떤 것이 소리 없는 삼매입니까?" 하기에

대원이 이르기를 "사선천의 갈비뼈니라." 하였다.

광주(廣州) 화안사(和安寺) 통(通) 선사

통(通) 선사는 무주(婺州) 쌍림사(雙林寺)에서 공부를 하였는데, 어릴 때부터 말수가 적었으므로 당시 사람들이 말하지 못하는 통(通) 수좌(首座)라 불렀다.

대사〔통 수좌〕가 부처님께 절을 하는데 어떤 선객이 와서 물었다.

"좌주가 절하는 것은 이 무엇이오?"

대사가 말하였다.

"부처입니다."

선객이 불상을 가리키면서 말하였다.

"저것은 무슨 물건이요?"

대사가 대답을 못했다가 밤중이 되어 위의를 갖추고 가서 절하고 선객에게 물었다.

"오늘 물은 바를 저는 모르겠는데 그 뜻이 무엇입니까?"

선객이 물었다.

廣州和安寺通禪師者。婺州雙林寺受業。自幼寡言。時人謂之不語通也。因禮佛有禪者問云。座主禮底是什麼。師云。是佛。禪者乃指像云。這箇是何物。師無對。至夜具威儀禮問禪者云。今日所問某甲未知意旨如何。禪者云。

"좌주의 법랍이 몇이오?"

대사가 말하였다.

"10년입니다."

선객이 물었다.

"출가하신 일이 있소?"

대사가 더욱 어리둥절하니 선객이 말하였다.

"만일 모른다면 100년이면 무엇 하리오."

그 선객이 같이 마조에게 가자고 하여 강서(江西)로 갔는데 마조는 이미 입적하였다. 그리하여 백장에게 가서 뵙고 의심이 단박에 풀렸다.

어떤 이가 물었다.

"스님은 선사이십니까?"

"나는 선을 배운 적이 없다."

대사가 잠잠히 있다가 다시 그 사람을 불렀다.

그 사람이 대답하니, 대사가 종려수(椶櫚樹)를 가리켰다. 그 사람은 대답이 없었다.

座主幾夏耶。師云。十夏。禪者云。還曾出家也未。師轉茫然。禪者云。若也不會百夏奚為。禪者乃命師同參馬祖。行至江西馬祖已圓寂。乃謁百丈頓釋疑情。有人問。師是禪師否。師云。貧道不曾學禪。師良久却召其人。其人應諾。師指椶櫚樹子。其人無對。

어느 날 대사가 앙산(仰山)에게 분부하였다.

"평상을 가져오너라."

앙산이 가져오니 대사가 말하였다.

"본래의 자리에다 갖다 두어라."

앙산이 그 말에 따르니 대사가 말하였다.

"평상 저쪽 것은 무슨 물건인가?"

앙산이 말하였다.

"물건이랄 것도 없습니다."

"이쪽 것은 무슨 물건인가?"

"물건이랄 것도 없습니다."

"혜적아."

"예."

"가거라."

師一日令仰山將床子來。仰山將到。師云。却送本處。仰山從之。師云。床子那邊是什麼物。仰山云。無物。師云。這邊是什麼物。仰山云。無物。師召云慧寂。仰山云。諾。師云去。

토끼뿔

ꩡ 대원이 목포 정혜원에 있을 때, 단암 주지스님이 불상을 가리키며 말하였다.

"저것은 무엇이오?"

대원이 말하였다.

"험. 이것이 무엇이오?"

그러자 단암 주지스님이 말이 없었다.

ꩡ 대원이 수원 용주사를 방문해서 정금오 선사께 말하였다.

"선사님, 안녕하십니까?"

정금오 선사께서 말씀하셨다.

"어떤 이를 선사라 하는고?"

대원은 엄지를 세우고 "이런 이입니다." 하였다.

강주(江州) 용운(龍雲) 대(臺) 선사

대(臺) 선사에게 어떤 승려가 물었다.
"어떤 것이 조사께서 서쪽에서 오신 뜻입니까?"
대사가 말하였다.
"노승이 지난밤에 마구 안의 소를 잃었다."

江州龍雲臺禪師。有僧問。如何是祖師西來意。師云。老僧昨夜欄裏失却牛。

토끼뿔

대구 대안사에 있을 때 장설봉 선사께서 오셨는데, 대원을 보자마자 물으셨다.

"어떤 것이 조사께서 서쪽에서 오신 뜻인가?"

대원이 지체 없이 일렀다.

"빨래줄의 제비가 누설합니다."

(그때 마침 줄 위에서 제비가 지저귀고 있었다.)

경조(京兆) 위국원(衛國院) 도(道) 선사

어떤 승려가 와서 뵈니 대사가 물었다.
"어디서 오는가?"
"상남(湘南)에서 옵니다."
"황하(黃河)의 물이 맑던가?"
그 승려가 대답이 없었다.[53)]

대사가 병이 났을 때 어떤 사람이 문병을 왔는데 대사가 나오지 않으니 그 사람이 말하였다.
"화상의 도덕을 들은 지 오래 되었는데 홀연히 법체가 편찮으시다는 말을 듣고 왔으니 뵙게 해 주십시오."

京兆衛國院道禪師。僧到參。師問。何方來。僧云。湘南來。師云。黃河清未。僧無對(溈山代云。小小狐兒要過卽過但知過用疑作什麼)。師因疾。有人來問疾。師不出。其人云。久聆和尚道德。忽承法體違和。請和尚相見。

53) 위산(溈山)이 대신 말하기를 "이 새끼 여우야, 지나가려면 지나가 버려라. 다만 지나가 버린 것을 알면 되지, 의심은 해서 무엇 하려는가?" 하였다. (원주)

대사가 발우틀에다 새끼 발우를 담아서 시자를 시켜 내다 바치게 하니 그 사람이 대답이 없었다.

師將鉢鐼盛鉢楮。令侍者擎出呈之。其人無對。

토끼뿔

대사가 발우틀에다 새끼 발우를 담아서 시자를 시켜 내다 바치게 했을 때

"이럴 것인들." 하고 떨쳐 나왔어야 했다.
"험."

진주(鎭州) 만세(萬歲) 화상

만세 화상에게 어떤 승려가 물었다.

“대중이 모였습니다. 응당 무슨 일을 이야기해야 합니까?”

대사가 말하였다.

“서품(序品)[54] 제1이니라.”[55]

鎭州萬歲和尙。僧問。大衆雲集合譚何事。師云。序品第一(歸宗柔別云。禮拜了去)。

54) 서품(序品) : 경의 내용을 추린 개론의 부분.

55) 귀종유(歸宗柔)가 따로 말하기를 “절이나 하고 물러가라.” 하였다. (원주)

"대중이 모였습니다. 응당 무슨 일을 이야기해야 합니까?" 했을 때

대원은 "잘못 옮기지 말라." 하리라.

홍주(洪州) 백장산(百丈山) 유정(惟政) 선사[56]

유정 선사가 어느 날 대중에게 말하였다.

洪州百丈山惟政禪師(此章。元本移列第九卷百丈山海和尙下鎭州萬歲和尙章後。並注云。此傳。舊在第六卷馬祖法嗣中大珠和尙之次。今以機緣推之。即移入此卷百丈海禪師法嗣中。作百丈涅槃和尙機緣也。按唐柳公權書。武翊黃所撰涅槃和尙碑云。師諱法正。以其善講涅槃經。故以涅槃為稱。今師本章中有云。汝與我開田。吾為汝說大義。則知其為涅槃和尙明矣。又稱南泉為師伯。則知其嗣百丈海公亦明矣。雖然惟政法正二名不同。蓋傳寫之訛耳。又覺範林間錄亦謂舊本之誤。及觀正宗記則有惟政法正之名。然百丈第代可數。明教但見其名不同。不能辨而俱存之。今當以碑為正也。而又卿公事苑乃云。百丈涅槃和尙是溈山嗣子而海公之孫。此尤大謬也。不足取矣)。一日謂衆曰。

---

56) 이 장은 원래 제9권 백장산 해(海) 화상 아래 진주 만세 화상 장의 뒤로 이동해야 한다. 그리고 주(注)에 이르기를, 이 전(傳)은 구본에서는 제6권 마조 법사 중 대주 화상의 다음에 있다. 지금 기연으로 순서대로 넣자면 이 권의 백장 해 선사 법사 가운데로 이동하여 백장 열반 화상의 기연이어야 한다. 당의 유공권이 쓰고 무익황이 지은 열반 화상 비석에 따르면, 대사는 휘가 법정인데, 『열반경』을 잘 강의하였으므로 열반이라 칭한다고 하였고. 이제 대사의 본장 중에 이르기를 '그대들이 내 밭을 일궈주면 나는 그대들에게 큰 이치를 설해주리라.'고 했으니, 열반 화상이 분명하다는 것을 알 수 있다. 또한 남전을 사백이라고 칭한 것으로 보아, 백장 해공의 제자라는 것이 분명함을 알 수 있다. 비록 유정과 법정 두 이름은 같지 않으나, 잘못 베낀 탓일 수 있다. 또한 각범의 『임간록』에서도 구본의 잘못을 말하고 있고, 『정종기』를 보면 유정과 법정이라는 이름이 있으나, 백장의 여러 대(代)를 헤아려보면 가르침은 분명하나 다만 그 이름이 같지 않음이 보이니, 같이 존재한다고 판별할 수 없으므로 지금은 응당 비석에 적힌 것을 바른 것으로 해야 한다. 또 경공의 사원(事苑)에 이르기를 '백장 열반 화상은 위산의 제자이고 해공의 손(孫)이다.'라고 되어 있는데 이것도 역시 큰 잘못이니 취할 수가 없다.

“그대들이 내 밭을 일궈주면 나는 그대들에게 큰 이치를 설해 주리라.”

대중 승려들이 밭을 일궈 마쳤다. 대사가 저녁에 법상에 오르자 승려가 물었다.

“밭을 다 일궈 놓았습니다. 청컨대 대사께서는 큰 이치를 설해 주십시오.”

대사가 선상에서 내려와 세 걸음을 걷고 두 팔을 벌리고 눈으로 하늘땅을 보고 나서 말하였다.

“큰 이치의 밭은 곧 지금에 있었느니라.”

어떤 노숙이 햇빛이 창틈으로 비친 것을 보고 대사에게 물었다.

“창이 해 곁으로 갔습니까, 해가 창 곁으로 왔습니까?”

대사가 대답하였다.

“노스님, 방안에 객이 있으니 돌아가는 것이 좋겠습니다.”

汝爲我開田。我為汝說大義。僧衆開田竟。師晚間上堂。僧問。開田已竟。請師說大義。師下禪床。行三步。展手兩畔。以目視天地云。大義田卽今存矣[57]。有老宿見日影透窓。問師曰。為復窓就日日就窓。師曰。長老房內有客歸去好。

57) 下禪床에서 여기까지 송, 원나라본에는 없다. 다만 師乃展開兩手로만 되어 있다.

대사가 남전에게 물었다.

"제방의 선지식들이 아직 남에게 설하지 못한 법이 있습니까?"

남전이 대답하였다.

"있습니다."

"어떤 것이 아직 남에게 설하지 못한 법입니까?"

"이 마음도 아니요, 이 부처도 아니요, 이 물건도 아닙니다."

"그렇다면 남에게 설하여 마친 것입니다."

남전이 말하였다.

"나는 이렇습니다."

대사가 물었다.

"사형께서는 어떻다고 하시겠습니까?"

"나는 선지식도 아니거니 어찌 설함이 있느니 없느니 하는 법을 알겠습니까?"

대사가 말하였다.

"저도 모릅니다. 사형께서 말씀해 보십시오."

남전이 말하였다.

"내가 너무 지나치게 그대를 위해 설하여 마쳤군."

師問南泉曰。諸方善知識還有不說似人底法也無。南泉曰。有。師曰。作麼生是不說似人底法。云不是心不是佛不是物。師曰。恁麼即說似人了也。曰某甲即恁麼。師曰。師伯作麼生。曰我又不是善知識。爭知有說不說底法。師曰。某甲不會請師伯說。曰我太殺為汝說了也。

어떤 승려가 물었다.

"어떤 것이 부처와 부처의 도가 같은 것입니까?"

"선정이니라."

대사가 서울로 들어오는 길에 관원을 만났는데 관원이 밥을 먹으라 할 때 홀연히 노새가 우는 것을 보았다.

관원이 대사를 불렀다.

"고행승이여!"

대사가 머리를 들자 관원이 문득 노새를 가리키니, 대사는 다시 관원을 가리켰다.[58]

僧問。如何是佛佛道齊。師曰。定也。師因入京。路逢官人。命喫飯。忽見驢鳴。官人召云。頭陀。師舉頭。官人却指驢。師却指官人(法眼別云但作驢鳴)。

58) 법안(法眼)이 따로 말하기를 "다만 노새 울음을 짓겠다" 하였다. (원주)

토끼뿔

어떤 노숙이 햇빛이 창틈으로 비친 것을 보고 대사에게 묻기를 "창이 해 곁으로 갔습니까, 해가 창 곁으로 왔습니까?" 하니, 유정 선사가 말하기를 "노스님, 방안에 객이 있으니 돌아가는 것이 좋겠습니다." 했는데,

이것이 답이라 하겠는가, 답이 아니라 하겠는가?

만약 답이라면 어떻게 알기에 답이며, 답이 아니라면 본인은 무엇이라 하겠는가?

여기에 분명해야 비로소 탁마할 수 있는 선객이라 할 것이다.

홍주(洪州) 동산(東山) 혜(慧) 화상

산 구경을 하다가 한 바위를 보고 어떤 승려가 물었다.
"이 바위에 주인이 있습니까? 없습니까?"
대사가 말하였다.
"있다."
"어떤 사람입니까?"
"세 집이 사는 마을에서 무엇을 찾는가?"
그 승려가 또 물었다.
"어떤 것이 바위 안의 주인입니까?"
"어쩌면 그렇게 성질이 급한가?"

젊은 승려가 행각 길에서 돌아오니 대사가 물었다.
"그대는 나를 떠나 밖에 있은 지 얼마나 되는가?"
젊은 승려가 말하였다.

洪州東山慧和尚。遊山見一巖。僧問云。此巖有主也無。師云有。僧云。是什麼人。師云。三家村裏覓什麼。其僧又問。如何是巖中主。師云。還氣急麼。有小師行脚迴。師問。汝離吾在外多少時耶。小師云。

"10년입니다."

"동쪽, 서쪽을 가리키지 말고 바로 일러 봐라."

"화상 앞에서는 감히 거짓말을 하지 못하겠습니다."

대사가 할을 하고 말하였다.

"이 촌놈아!"

어느 날 청전(淸田) 화상에게 도(瑫) 상좌가 차를 달여 올리는데 대사가 승상을 세 번 치니, 도 상좌도 세 번 쳤다. 대사가 말하였다.

"내가 승상을 두드린 것은 바른 방편이지만 상좌가 두드린 것은 무슨 도리인가?"

"제가 두드린 것은 방편이지만 화상께서 두드린 뜻은 무엇입니까?"

대사가 잔을 번쩍 들어 보이니, 도 상좌가 말하였다.

"선지식의 안목이 그러해야 할 것입니다."

차를 달이고 도 상좌가 다시 물었다.

十年。師云。不用指東指西。直道將來。小師云。對和尚不敢謾語。師喝云。這打野漢。清田和尚一日與瑫上座煎茶次。師敲繩床三下。瑫亦敲三下。師云。老僧敲有箇善巧。上座敲有何道理。瑫曰。某甲敲有箇方便。和尚敲作麼生。師舉起盞子。瑫云。善知識眼應須恁麼。煎茶了瑫却問。

"화상께서 아까 잔을 드신 뜻이 무엇입니까?"
"딴 도리가 있을 수 없다."

대사가 대우(大于) 화상과 남용(南用)과 함께 찻집에 갔는데, 어떤 승려가 가까이 와서 인사를 하며 말하였다.
"몰라 뵈었습니다."
남용이 말하였다.
"내가 그대를 용납하지 않았고, 그대 또한 나를 볼 수 없는데 누구에게 인사를 하는가?"
그 승려가 말이 없으니 대사가 말하였다.
"평온하고 맑은 경지에서는 그렇게 묻지 말아야 한다."
남용이 말하였다.
"대우는 말이 없구나."
대사가 그 승려를 붙들고 말하였다.
"네가 그러더니 나를 이렇게 욕되게 하는구나."

和尚適來擧起盞子意作麼生。師云。不可更別有也。大于和尚與南用到茶堂。見一僧近前不審用云。我旣不納汝。汝亦不見我。不審阿誰。僧無語。師云。不得平白地恁麼問伊。用云。大于亦無語。師乃把其僧云。是你恁麼累我亦然。

그리고는 한 대 때려서 밀쳐 버리니, 남용이 웃으며 말하였다.
"맑은 달과 푸른 하늘이구나."

시자가 와서 뵈니 대사가 물었다.
"금강의 바른 선정이 모두가 그렇다. 가을이 가면 겨울이 오니 어찌하겠는가?"
시자가 말하였다.
"화상의 질문을 빌리는 것이 나쁠 것 없겠습니다."
"바로 지금은 뜻이 서로 통하지만 떠난 뒤에는 어찌하겠는가?"
"누가 감히 저에게 묻겠습니까?"
"대우는 얻은 바가 있는가?"
"딴 사람이 점검해야 하겠습니다."
"종사를 잘 보좌해서 광채를 가림이 없게 하라."
시자가 절을 하였다.

打一摑用便笑曰。朗月與青天。侍者到看師問云。金剛正定一切皆然。秋去冬來且作麼生。侍者云。不妨和尚借問。師云。即今即得去後作麼生。侍者云。誰敢問著某甲。師云。大于還得麼。侍者云。猶要別人點檢在。師云。輔弼宗師不廢光彩。侍者禮拜。

토끼뿔

ꩰ 어상의 도리에 밝아야 "세 집이 사는 마을에서 무엇을 찾는가?"라고 한 도리를 아는 이라 하리라.

ꩰ "내가 승상을 두드린 것은 바른 방편이지만 상좌가 두드린 것은 무슨 도리인가?" 했을 때

대원이라면 소매를 떨쳐 흔들며 나와 버렸을 것이다. 그리하여 구구한 말이 없게 했을 것이다.

ꩰ "화상께서 아까 잔을 드신 뜻이 무엇입니까?" 하니 "딴 도리가 있을 수 없다." 했는데

이 사람에게도 이와 같은 일이 대구 보현사에 있을 때 있었다.
어느 날, 박금봉 선사께서 오셨기에 차를 달여 올리니, 찻잔을 들고 물으셨다.
"이것이 무엇인가?"
대원이 말하였다.

"꼭 맞는 이름은 없으니 '이것이다.'라고 해 둡니다만, 스님께서는 이 대낮에 남의 광은 넘보아 무엇 하시렵니까? 차나 드시지요."

그러자 박금봉 선사께서 잠잠히 말씀이 없으시다가 다시 물으셨다.

"한마디 더 물어보겠네. 어떤 것이 바른 선정인가?"

대원이 말하였다.

"이렇습니다."

그러자 박금봉 선사께서 그만두셨다.

앞의 건주(虔州) 서당(西堂) 지장(智藏) 선사의 법손

건주(虔州) 처미(處微) 선사

처미 선사에게 어떤 승려가 물었다.

"삼승십이분교에서 묘한 이치를 체득하면 조사의 뜻과 같습니까, 다릅니까?"

"그렇다면 모름지기 여섯 구절 밖을 향하여 비춰서 그 소리와 색에 따라 구르지 않아야 한다."

"어떤 것이 여섯 구절입니까?"

前虔州西堂藏禪師法嗣 虔州處微禪師。僧問。三乘十二分教體理得妙。與祖師意為同為別。師云。恁麼即須向六句外鑒不得隨他聲色轉。僧曰。如何是六句。

대사가 말하였다.

"말함, 침묵함, 말하지 않음, 침묵하지 않음, 모두 옳음, 모두 옳지 않음이다. 그대는 응당 어찌해야 하겠는가?"

그 승려가 대답이 없었다.

대사가 앙산에게 물었다.

"그대의 이름이 무엇인가?"

"혜적(慧寂)입니다."

"어느 것이 혜이고, 어느 것이 적인가?"

"눈앞에 있을 뿐입니다."

"앞과 뒤는 여전히 있구나."

앙산이 말하였다.

"앞뒤는 그만두고 화상께서는 무엇을 보셨습니까?"

대사가 말하였다.

"차나 한 잔 마셔라."

師曰。語底默底不語不默。總是總不是。汝合作麼生。僧無對。師問仰山。汝名什麼。對曰。慧寂。師曰。那箇是慧那箇是寂。曰只在目前。師曰。猶有前後在。寂曰。前後且置。和尚見什麼。師曰。喫茶去。

토끼뿔

만약 나에게 어떤 이가 묻기를

"삼승십이분교에서 묘한 이치를 체득하면 조사의 뜻과 같습니까, 다릅니까?" 하면

"같다." 하고

혹 "어떻게 같습니까?" 라고 다시 묻는다면

한 대 쳤을 것이니, 이 한 대를 무엇이라 하겠는가?

앞의 포주(蒲州) 마곡산(麻谷山) 보철(寶徹) 선사의 법손

수주(壽州) 양수(良遂) 선사

양수 선사가 처음에 마곡을 뵈니 마곡이 불렀다.
"양수야."
대사가 "예." 하고 대답하였다.
이렇게 세 번 거듭 물어 세 번 대답하니, 마곡이 말하였다.
"이 우둔한 근기의 대사야."
대사가 이 말에 크게 깨닫고 말하였다.

前蒲州麻谷山寶徹禪師法嗣 壽州良遂禪師。初參麻谷。麻谷召曰。良遂。師應諾。如是三召三應。麻谷曰。這鈍根阿師。師方省悟乃曰。

"화상은 저를 속이지 마십시오. 만일 제가 와서 절을 하지 않았더라면 일생을 헛보낼 뻔하였습니다."

마곡이 그렇다고 여겼다.

和尚莫謾。良遂若不來禮拜和尚。幾空過一生。麻谷可之。

토끼뿔

마곡이 "양수야." 부르니 "예."라고 대답했는데, 또 "양수야." 했을 때

대원이라면 "그렇게 남의 보물창고는 넘보아 무엇 하시렵니까?" 했을 것이다.

앞의 호남(湖南) 동사(東寺) 여회(如會) 선사의 법손

길주(吉州) 서산(薯山) 혜초(慧超) 선사

동산이 와서 절을 하자 대사가 말하였다.
"그대가 이미 한 지방을 정해놓고 지내는데 무엇 하러 또 왔는가?"
"저는 의심을 어쩔 수 없어서 특별히 화상을 뵈러 왔습니다."
대사가 "양개(良价)야." 하고 부르니, 동산이 "예." 하고 대답하자 대사가 말하였다.
"이것이 무엇인고?"
동산이 대답이 없으니 대사가 말하였다.
"좋은 부처인데 광채가 없을 뿐이구나."

前湖南東寺如會禪師法嗣 吉州薯山慧超禪師。洞山來禮拜次。師曰。汝已住一方。又來這裏作麼。對曰。良价無奈疑何。特來見和尚。師召良价。价應諾。師曰。是什麼。价無語。師曰。好箇佛只是無光焰。

토끼뿔

앞에서 혜초 선사의 말씀을 보면 동산은 이미 이때 한 곳을 정해 놓고 교화하는 이였다.

혜초 선사가 "양개야." 하고 부르니, 동산이 "예." 하고 대답하자, 혜초 선사가 "이것이 무엇인고?" 라고 했을 때

대원이라면 "할"을 하고 떨치고 나와 버렸을 것이다.

경조(京兆) 장경사(章敬寺) 회운(懷惲) 선사의 법손

경조(京兆) 대천복사(大薦福寺) 홍변(弘辯) 선사

당의 선종(宣宗)이 물었다.

"선종(禪宗)에는 어찌하여 남종과 북종의 이름이 있습니까?"

대사가 대답하였다.

"선문에는 본래 남종과 북종의 이름이 없습니다. 옛적에 여래께서 정법안장을 가섭에게 전하셨고, 차츰차츰 전해져 28조 보리 달마에 이르러서는 이 지방으로 오셔서 초조(初祖)가 되셨습니다.

京兆章敬寺懷惲禪師法嗣 京兆大薦福寺弘辯禪師。唐宣宗問。禪宗何有南北之名。師對曰。禪門本無南北。昔如來以正法眼付大迦葉。展轉相傳至二十八祖菩提達磨。來遊此方為初祖。

5조 홍인 대사에 이르러 기주(蘄州)의 동산에서 법문을 여니, 이때에 두 제자가 있었는데 한 분은 혜능으로서 옷과 법을 전해 받아 영남(嶺南)에 거주하며 6조가 되셨고, 또 한 분은 신수이니 북쪽에서 교화를 폈습니다. 나중에 신수의 문인 보적이 자기의 스승을 제6조라 하고, 자기는 제7조라 자칭하였습니다.

그들이 얻은 법은 하나이지만 깨닫도록 지도하는 데에는 돈점의 차이가 있으므로 남돈북점(南頓北漸)이라는 말이 있는 것이지, 선종이 본래부터 남북종의 이름이 있는 것은 아닙니다."

선종이 물었다.

"무엇을 계율이라 합니까?"

"허물을 막고 악을 그치는 것이 계율입니다."

"무엇을 선정이라 합니까?"

"여섯 감관이 경계를 대하되 마음이 인연에 따르지 않는 것이 선정입니다."

"무엇을 지혜라 합니까?"

暨第五祖弘忍大師。在蘄州東山開法。時有二弟子。一名慧能。受衣法居嶺南為六祖。一名神秀。在北揚化。其後神秀門人普寂立本師為第六祖。而自稱七祖。其所得法雖一。而開導發悟有頓漸之異。故曰南頓北漸。非禪宗本有南北之號也。帝曰。云何名戒。師對曰。防非止惡謂之戒。帝曰。何為定。對曰。六根涉境心不隨緣名定。帝曰。何為慧。

대사가 대답하였다.
“마음과 경계가 모두 공함을 비추어 보아 의혹이 없는 것이 지혜입니다.”
“무엇을 방편이라 합니까?”
“방편이라는 것은 감추어진 진실을 형상으로 알려서 공교롭게 도를 권하는 문이니, 중하근기를 접하여 공교롭게 행하고 권하여 이끌어주는 것을 방편이라 합니다. 설사 상근기를 위하여 방편을 버리라 하고 위없는 도법을 말하여도 이것 또한 방편의 말이며, 나아가서 조사들의 현묘한 말이 공력도 잊고 언어가 끊어졌다 하여도 역시 방편의 자취를 벗어나지는 못합니다.”
“무엇이 부처의 마음입니까?”
“부처란 서천의 말이니, 당의 말로는 깨달음〔覺〕입니다. 사람이 지혜가 있어서 깨달아 비추는 것을 부처의 마음이라 하니, 마음이란 부처의 다른 이름으로 백 천 가지 다른 이름이 있으나 본체는 오직 하나일 뿐입니다. 본래 형상이 없는 것이어서 청·황·적·백·남·여 등의 상이 아닙니다.

對曰。心境俱空照覽無惑名慧。帝曰。何為方便。對曰。方便者隱實覆相權巧之門也。被接中下曲施誘迪。謂之方便。設為上根言捨方便但說無上道者。斯亦方便之譚。乃至祖師玄言忘功絕語亦無出方便之迹。帝曰。何為佛心。對曰。佛者西天之語。唐言覺。謂人有智慧覺照為佛心。心者佛之別名。有百千異號。體唯其一。本無形狀。非青黃赤白男女等相。

하늘에 있어도 하늘이 아니요, 인간에 있어도 인간이 아니지만, 하늘을 나타내고 인간을 나타내며 남자도 여자도 되지만, 시작도 마침도 아니며 생도 멸도 없습니다. 그러므로 신령한 깨달음의 성품이라 합니다.

폐하께서 날마다 모든 일에 임하시는 바로 이것이 폐하의 부처의 마음입니다. 설사 천 분의 부처님께서 공동으로 전해 주신다 하여도 따로 얻을 바가 있다고 생각하지 마십시오."

"요새 사람들이 염불하는 것은 어떻습니까?"

"여래께서 세상에 나셔서 인간과 하늘의 스승인 선지식이 되어 근기를 따라 설법하시되, 상근기를 위해서는 최상승인 돈오의 지극한 이치를 말해주시고, 중하근기는 단박에 깨닫지 못하므로, 그러기에 부처님께서 위제희(韋提希) 부인[59]에게 방편으로 16관문(觀門)을 열어 염불을 하도록 하여 극락에 가서 태어나게 하셨습니다.

在天非天在人非人。而現天現人。能男能女非始非終無生無滅。故號靈覺之性。如陛下日應萬機。即是陛下佛心。假使千佛共傳。而不念別有所得也。帝曰。如今有人念佛如何。對曰。如來出世為天人師善知識。隨根器而說法。為上根者開最上乘頓悟至理。中下者未能頓曉。是以佛為韋提希。權開十六觀門。令念佛生於極樂。

59) 위제희 부인 : 위제희 부인은 부처님 당시 마가다국 빔비사라왕의 왕비였고 아도세왕의 어머니였다. 아도세왕이 탑속에 빔비사라왕을 가두자 몰래 음식을 나르다가 발각되어 유폐되었다. 그때 석존께서 나타나시어 위제희 부인에게 16관문을 가르쳐 극락에 태어나게 하셨다.

그러므로 경에 말하기를 '이 마음이 부처요, 이 마음이 부처를 짓는다. 마음 밖에 부처가 없고 부처 밖에 마음이 없다.'라고 하였습니다."

선종이 물었다.

"어떤 사람은 경을 읽기도 하고, 염불하기도 하고, 주문을 외우기도 하면서 부처가 되기를 바라는데 어떻습니까?"

대사가 대답하였다.

"여래께서 갖가지로 열어 보이신 것은 모두가 최상승을 위한 것입니다. 마치 뭇 흐름이 모두가 바다에 들어가는 것 같이 이렇듯 차별된 온갖 법수(法數)[60]가 모두 살바야(薩婆若)[61]의 바다로 들어갑니다."

"조사는 이미 심인(心印)을 깨달아 알았는데 『금강경』에서 얻을 바 없는 법이라 한 것은 무엇입니까?"

故經云。是心是佛是心作佛。心外無佛佛外無心。帝曰。有人持經念佛持呪求佛如何。對曰。如來種種開讚皆為最上一乘。如百川衆流莫不朝宗於海。如是差別諸數皆歸薩婆若海。帝曰。祖師既契會心印。金剛經云。無所得法如何。

---

60) 법수(法數) : 대장경 가운데 교리적인 중요한 부분과 수행에 요긴한 부분을 숫자로 요약하여 정리한 교리. 예를 들면 일승(一乘), 사제(四諦), 오온(五蘊), 십이연기(十二緣起) 등.

61) 살바야(薩婆若) : 일체지(一切智). 불과(佛果)에서 일체 법을 증득하는 지혜.

대사가 대답하였다.

"부처님의 일대 교화는 진실로 한 법도 남에게 준 것이 없고 다만 모든 사람의 각각의 자기 성품이 동일한 보배 창고임을 보여줄 뿐이었던 것입니다. 당시에 연등 여래께서도 다만 석가가 본래의 법이란 얻을 수 없는 것임을 알았기에 인가하셨으니, 바야흐로 연등 여래의 본뜻에 계합하였을 뿐입니다.

그러므로 경에 '나라는 상도 없고, 너라는 상도 없으며, 중생상과 수자상도 없다. 이 법은 평등하여 일체 착한 법을 닦되 형상에 머물지 않는다.'라고 하였습니다."

선종이 물었다.

"선사가 이미 조사의 뜻을 깨달았다 하면서도 경을 보거나 예불을 하십니까?"

"사문(沙門)이 예불하거나 경을 보는 것은 모두가 살아가는 평상법이니, 네 가지 보답하는 공덕이 있습니다. 부처님의 계율에 의지하여 몸을 닦고, 선지식을 찾아 참례하며, 점차 범행(梵行)을 닦아, 여래께서 행하시던 자취를 밟아 실천하는 것입니다."

對曰。佛之一化實無一法與人。但示衆人。各各自性同一法寶藏。當時然燈如來但印釋迦本法而無所得方契然燈本意。故經云。無我無人無衆生無壽者。是法平等修一切善法不住於相。帝曰。禪師既會祖意。還禮佛轉經否。對曰。沙門釋子禮佛轉經。蓋是住持常法有四報焉。然依佛戒修身。參尋知識漸修梵行。履踐如來所行之迹。

선종이 물었다.

"어떤 것이 단박에 보는 것이며, 어떤 것이 점차 닦는 것입니까?"

대사가 대답하였다.

"자기의 성품이 부처와 똑같다는 것은 단박에 깨달았으나 비롯함이 없는 옛적부터 물든 습관이 있기 때문에 점차 닦는 것으로써 대치하여 성품에 따라 작용을 일으키게 하는 것이니, 마치 사람이 밥을 먹을 때에 첫술에 배가 부르지 않는 것과 같습니다."

이날 대사가 일곱 시간 동안 대담하니 자색 가사를 하사하였고, 입멸한 뒤에는 원지 선사(圓智禪師)라는 시호를 내렸다. 천하의 사찰에 명령을 내려 조사의 탑들을 수리하고 잘 지키라 하였다.

帝曰。何為頓見何為漸修。對曰。頓明自性與佛同儔。然有無始染習故。假漸修對治。令順性起用。如人喫飯不一口便飽。是日辯師對七刻。賜紫方袍號圓智禪師。仍勅修天下祖塔各令守護。

토끼뿔

어떤 객이 대원에게 와서 묻기를

"어떤 것이 계율입니까?" 하기에

"깨닫고 그 깨달음에 의해 쓰면 천연한 본연계율이다." 하니

또 묻기를

"어떤 것을 선정이라 합니까?" 하기에

"오직 깨달은 체성에 오롯함을 선정이라 한다." 라고 한 적이 있는데, 이 홍변 선사의 대답과 어떠한고?

복주(福州) 귀산(龜山) 지진(智眞) 선사

지진 선사는 양주(揚州) 사람으로 성은 유(柳)씨이다. 복주의 화림사(華林寺)에서 공부를 하다가 당의 원화(元和) 때에 윤주(潤州) 단도(丹徒) 천향사(天香寺)에서 계를 받았는데, 경론은 배우지 않고 오직 선(禪)만을 흠모하였다.

처음에 혜운 선사를 뵈니 선사가 물었다.

"어디서 왔는가?"

대사가 대답하였다.

"이르러도 이른 바가 없고 와도 온 바가 없습니다."

혜운이 잠자코 있었으나 대사가 스스로 깨달았다.

얼마 지난 후 무주(婺州)의 오설산(五洩山)에 가서 정원(正原) 선사를 만났고, 장경(長慶) 2년에는 그와 함께 건양(建陽)에 갔다가 고을 사람인 섭빈의 청에 의하여 동선사에 머물렀다.

福州龜山智真禪師者。揚州人也。姓柳氏。受業於本州華林寺。唐元和元年潤州丹徒天香寺受戒。不習經論。唯慕禪那。初謁惲禪師。惲問曰。何所而至。真曰。至無所至來無所來。惲雖默然真亦自悟。尋抵婺州五洩山會正原禪伯。長慶二年同遊建陽。受郡人葉玢請居東禪。

개성(開成) 원년에 복주로 가서 장계읍(長谿邑) 사람인 진량과 황유의 청에 의하여 귀산에다 선원을 세웠다.

어느 날 대중에게 보이고 말하였다.

"얼굴을 움직이고 눈을 깜박이는 것은 자신을 벗어나는 것이 아니요, 한 생각의 청정한 마음이 본래 부처이니라."

그리고는 게송을 말하였다.

마음은 본래 티끌이 없는데 어찌 씻으며
몸에 병이 없는데 어찌 의원을 찾으랴
이러한 부처를 알고자 한다면 몸이라 할 것도 없는 곳이니
높고 높은 밝은 거울 비치기도 전이로세

나중에 무종(武宗)의 사태를 만나 두 게송으로 대중에게 보였다.

至開成元年往福州。長谿邑人陳亮黃瑜請於龜山開剏。一日示衆曰。動容晌目無出當人一念淨心本來是佛。乃說偈曰。

心本絕塵何用洗
身中無病豈求醫
欲知是佛非身處
明鑑高懸未照時

後值武宗澄汰。有偈二首。示衆曰。

밝은 달이 형상을 나투어 곳곳에 새로우니
속인들이 어떻게 해공인(解空人)[62]을 떨어뜨리랴만
누가 속세에 있는 것이 도를 닦는 데에 방해가 된다 하리오
금속(金粟)[63]도 장자(長者)의 몸을 받았었다

둘째 송에 말하였다.

인욕선인(忍辱仙人)[64]이 숲속에서 좌선을 할 때
가리왕(呵利王)에게 사지를 찢겼지만

明月分形處處新
白衣寧墜解空人
誰言在俗妨修道
金粟曾為長者身
其二曰。
忍仙林下坐禪時
曾被呵王割截支

62) 해공인(解空人) : 만법이 모두 공함을 깨달은 사람. 고승을 가리킨다.
63) 금속 여래가 유마 거사의 전신이라고 전한다.
64) 인욕선인(忍辱仙人) : 석가 여래께서 전생에 수도하실 때 인욕선(忍辱仙)이 되어 인욕의 수행을 닦으셨다. 인욕은 온갖 모욕과 번뇌를 참고 원한을 일으키지 않는 것이다.

우리의 성조(聖朝)에는 이런 일이 없었으니
다만 지금 도를 쉰들 무엇이 슬프랴

선종(宣宗)이 불교를 중흥한 뒤에도 다시 승복을 입지 않다가 함통(咸通) 6년에 귀산에서 임종하니, 수명은 84세이고 법랍은 60세였다. 귀적 선사(歸寂禪師)라는 시호를 내리고 탑호는 비진(秘眞)이라 하였다.

況我聖朝無此事
只今休道亦何悲

暨宣宗中興。乃不復披緇。咸通六年終於本山。壽八十四。臘六十。勅諡歸寂禪師。塔曰祕真。

토끼뿔

마음은 본래 티끌이 없는데 어찌 씻으며
몸에 병이 없는데 어찌 의원을 찾으랴
이러한 부처를 알고자 한다면 몸이라 할 것도 없는 곳이니
높고 높은 밝은 거울 비치기도 전이로세

대원은 위의 게송에 대하여
"이 게송은 제이의 달노래를 면치 못하였다." 하리라.

또 앞의 설법에서 "얼굴을 움직이고 눈을 깜박이는 것은 자신을 벗어나는 것이 아니요, 한 생각의 청정한 마음이 본래 부처이니라." 하고, 게송으로 '마음은 본래 티끌이 없는데 어찌 씻으며, 몸에 병이 없는데 어찌 의원을 찾으랴'라고 했는데

대원은 "그 까닭을 강 건너 정자도 누설하네." 하리라.

낭주(朗州) 동읍(東邑) 회정(懷政) 선사

앙산이 와서 뵈니 대사가 물었다.
"그대는 어디 사람인가?"
"광남(廣南) 사람입니다."
"내가 듣건대 광남에는 진해명주(鎭海明珠)라는 구슬이 있다는데 사실인가?"
"사실입니다."
대사가 물었다.
"그 구슬은 어떤 형상인가?"
앙산이 대답하였다.
"곧 나타난 보름달입니다."
"그대가 가지고 왔는가?"
"가지고 왔습니다."

朗州東邑懷政禪師。仰山來參。師問。汝何處人。仰山曰。廣南人。師曰。我聞廣南有鎭海明珠是否。仰山曰。是。師曰。此珠何形狀。仰山曰。白月即現。師曰。汝將得來否。仰山曰。將得來。

대사가 물었다.

"왜 노승에게 보여주지 않는가?"

앙산이 대답하였다.

"어제 위산에 갔더니 그분도 저한테서 이 구슬을 찾았으나 대답할 말이 없고 말할 이치도 없었습니다."

"참으로 사자 새끼의 큰 울부짖음이구나."

師曰。何不呈似老僧看。仰山曰。昨到潙山亦就慧寂索此珠。直得無言可對無理可宣。師曰。真獅子兒大獅子吼。

토끼뿔

"그 구슬은 어떤 형상인가?" 했을 때

대원은 "담장 위 감이 붉습니다." 하고

또 "왜 노승에게 보여주지 않는가?" 했을 때

대원은 "뉘와 대화를 했습니까?" 하리라.

금주(金州) 조(操) 선사

어느 날 미(米) 화상을 청해 재(齋)를 올렸는데, 자리를 마련하지 않았다가 미 화상이 와서 자리를 펴고 절을 하니, 대사가 선상에서 내려왔다.

미 화상이 얼른 대사의 자리에 올라가 앉으니, 대사는 땅에다 자리를 펴고 앉았다.

재가 끝나자 미 화상이 훌쩍 떠나버리니 시자가 말하였다.

"화상〔조 선사〕께서는 모든 사람의 흠앙을 받으시는데 오늘은 남에게 자리를 빼앗기셨군요."

대사가 말하였다.

"3일 뒤에 오면 구제를 받게 되리라."

과연 3일 뒤에 미 화상이 다시 와서 말하였다.

"전날에는 도적을 만났었습니다."[65]

金州操禪師。一日請米和尚齋。不排座位。米到展坐具禮拜。師下禪床。米乃就師位而坐。師却席地而坐。齋訖米便去。侍者曰。和尚受一切人欽仰。今日座位。被人奪却。師曰。三日若來即受救在。米果三日後來云。前日遭賊(僧問鏡清。古人遭賊意如何。清云。只見錐頭利。不見鑿頭方)。

---

65) 어떤 승려가 경청(鏡淸)에게 묻기를 "옛 사람이 도적을 만났다 한 뜻이 무엇입니까?" 하니, 경청이 대답하기를 "다만 송곳 머리의 예리함만을 보고 끌의 머리가 모나 있음은 보지 못했다." 하였다. (원주)

미 화상이 다시 와서 "전날에는 도적을 만났었습니다." 했을 때

대원은 "그 창고가 어떻게 되었기에 도적에게 보였습니까?"라고 하여 한 번쯤 더 짚어보았을 것이다.

"험."

낭주(朗州) 고제(古堤) 화상

고제 화상은 항상 승려가 오는 것을 보면 매번 이렇게 말하였다

"가거라. 그대는 불성이 없다."

승려가 대답이 없거나 혹은 대답을 하더라도 모두가 고제 화상의 뜻에 계합하지 않았다.

어느 날 앙산이 와서 뵈니 대사가 말하였다.

"가거라. 그대는 불성이 없다."

앙산이 손을 모으고 앞으로 가까이 가서 "예." 하니, 대사가 웃으면서 말하였다.

"그대는 어디서 이런 삼매를 얻었는가?"

"저는 위산 대사에게서 얻었습니다. 그런데 화상께서는 누구에게서 얻으셨습니까?"

"나는 장경(章敬) 선사에게서 얻었다."

朗州古堤和尚。尋常見僧來每云。去汝無佛性。僧無對。或有對者。莫契其旨。一日仰山慧寂到參。師云。去汝無佛性。寂叉手近前應諾。師笑曰。子什麼處得此三昧。寂曰。我從溈山得。寂問曰。和尚從誰得。師曰。我從章敬得。

토끼뿔

그렇기는 하나 "그대는 어디서 이런 삼매를 얻었는가?" 했을 때

대원은 앙산과 같지 않아서 "얻은 것이라면 어찌 삼매이겠습니까?" 하리라.

하중(河中) 공기(公畿) 화상

공기 화상에게 어떤 승려가 물었다.

"어떤 것이 도이며, 어떤 것이 선(禪)입니까?"

대사가 말하였다.

"이름이 있으면 큰 도가 아니니, 옳거나 그르거나 모두가 선이 아니다. 이 가운데 뜻을 알고자 한다면, 누런 잎은 우는 아기를 달래는 돈이다."

河中公畿和尚。僧問。如何是道如何是禪。師云。有名非大道。是非俱不禪。欲識此中意。黃葉止啼錢。

토끼뿔

“어떤 것이 도이며, 어떤 것이 선(禪)입니까?” 했을 때

대원은 “이름 짓고, 부르고, 대답한 것이다.” 하리라.

황벽(黃檗) 희운(希運) 선사의 전심법요(傳心法要)[66]

하동(河東) 배휴(裵休) 엮음

黃檗希運禪師傳心法要 河東裵休集

66) 농선 대원 선사는 황벽 선사의 『전심법요』를 본 후, 『전심법요』에서 말하는 '허공'은 마음 이외에 다른 것이 아니어서 허공이라 하나 그대로 마음인 경지를 이르고 있는데, 황벽 선사가 말씀하시는 '허공'을 바로 보지 못하고 상으로 잘못 알까 염려하여 『전심법요』에서 말하는 '허공'을 아래 게송으로 바로 보였다.

독송전심법요후작송(讀誦傳心法要後作頌)

안으로 비추어 마음 밖에 한 물건도 없어서
빔마저 빈 마음 밖에 다른 물건이란 없음에
사무쳐 통한 마음 바탕이 온통 여여하여야
전심법요의 허공을 아는 이라 할 것이다.

內照心外無一物
虛空心外非他物
透徹心地一如如
傳心法要知虛空

대선사(大禪師)가 있었으니 호는 희운이요, 홍주(洪州)의 고안현 황벽산 취봉 밑에 살았다. 조계 6조의 적손(嫡孫)이고 백장의 제자이며 서당(西堂)의 조카이다. 최상승인 문자를 여읜 심인(心印)을 홀로 지니고 오직 온통인 마음만을 전할 뿐 다른 법이 없었다.

마음의 본체는 공하여서 만 가지 인연이 모두 공적하니, 마치 둥근 해가 허공에 솟아 밝게 비추는 것과 같아 가는 티끌도 없는 적정이다.

증득함에 있어서는 새롭고 낡은 것도 깊고 낮은 것도 없으며, 설함에 있어서는 이치도 견해도 세우지 않고 종주도 세우지 않으며 문호도 열지 않는다. 단박에 바로 이것이어서 생각을 움직이면 곧 어긋나니, 그러한 후에야 본래의 부처라고 할 수 있다.

그러므로 그의 말은 간결하고 그 이치는 곧고 그 도는 높으며 그 행은 고고하였다. 사방의 학자들이 추앙하여 모여들어 모습만을 보고도 깨달았으니 왕래한 무리들이 항상 천여 명이었다.

有大禪師號希運。住洪州高安縣黃檗山鷲峯下。乃曹溪六祖之嫡孫。百丈之子西堂之姪。獨佩最上乘。離文字之印。唯傳一心更無別法。心體亦空萬緣俱寂。如大日輪升於虛空中照耀。靜無纖埃。證之者無新舊無淺深。說之者不立義解。不立宗主。不開戶牖。直下便是。動念則乖。然後為本佛。故其言簡其理直其道峻其行孤。四方學徒望山而趨。覩相而悟。往來海衆常千餘人。

내가 회창(會昌) 2년에 종릉(鍾陵)을 다스리러 나왔다가 산에서 고을로 모셔서 용흥사(龍興寺)에 묵으시게 하고 조석으로 도를 물었다.

대중(大中) 2년에는 완릉(宛陵)을 다스리러 나왔다가 다시 임지로 예의롭게 모셔다가 개원사(開元寺)에 계시게 하고 조석으로 도를 물었다. 돌아와서 기록하려고 하면 열의 한 둘 정도만 알뿐이어서 심인(心印)으로 여겼으나 감히 드날리지는 못하였다.

이제 신기하고 정묘한 뜻이 미래까지 전해지지 못할까 심히 염려스러워, 마침내 드러내어 선사 문하의 승려인 태주와 법건에게 주어서 옛 산인 광당사(廣唐寺)에 돌아가서 장로 스님들에게 청하여 지난날에 항상 친히 듣던 법문과 같은지 다른지 여부를 물어보라 하였다.

당의 대중 11년 10월 8일에 삼가 기록한다.[67]

予會昌二年廉于鍾陵。自山迎至州憩龍興寺。旦夕問道。大中二年廉于宛陵。復禮迎至所部寓開元寺。旦夕受法。退而紀之十得一二。佩為心印不敢發揚。今恐入神精義不聞於未來。遂出之授門下。僧太舟法建歸舊山之廣唐寺。請長老法衆問與往日常所親聞同異何如也。時大唐大中十一年十月八日謹記(自後每段各紀歲月。今刪繁爾)。

67) 그 후부터 매 단락마다 각각 년 월을 기록했는데, 지금은 번잡한 것을 없애버렸다. (원주)

○ 모든 부처님과 일체 중생은 오직 일심(一心)뿐이요, 딴 법이 없다. 이 마음은 비롯함이 없는 옛적부터 난 적도 멸한 적도 없고, 푸르지도 누르지도 않고, 형상도 모습도 없고, 있고 없음에도 속하지 않고, 새 것과 옛 것을 계교하지도 않고, 길고 짧고 크고 작음도 아니어서, 일체 한량과 이름과 언어와 자취와 상대를 초월하여, 당체가 곧 이것이다.

생각을 움직이면 곧 어긋나니 마치 허공이 가없어서 헤아릴 수 없는 것과 같다. 오직 이 온통인 마음이 곧 부처이어서 부처와 중생은 조금도 차이가 없건만, 중생들이 형상에 집착하여 밖으로 구하므로 더욱 잃을 뿐이니, 부처를 가지고 부처를 찾고, 마음으로 마음을 잡으려 하면 헤아릴 수 없는 겁 동안 형상을 다하여도 끝내는 얻지 못한다. 망상분별을 쉬면 부처가 저절로 나타나는 것을 모르는구나.

○諸佛與一切衆生。唯是一心更無別法。此心無始已來不曾生不曾滅。不青不黃無形無相。不屬有無。不計新舊。非長非短非大非小。超過一切限量名言蹤跡對待。當體便是。動念即差。猶如虛空無有邊際不可測度。惟此一心即是佛。佛與衆生更無差異。但是衆生著相外求轉失。使佛覓佛。將心捉心。窮劫盡形終不能得。不知息念忘慮佛自現前

○ 이 마음이 곧 부처요, 부처가 곧 중생이요, 중생이 곧 부처요, 부처가 곧 마음이니, 중생일 때에도 이 마음이 줄지 않고, 모든 부처일 때에도 이 마음이 늘지 않는다.

그리하여 육도만행에 이르기까지 항하사같이 많은 공덕이 본래 스스로 구족하여서 닦아 더할 필요가 없다. 인연을 만나면 베풀고 인연이 쉬면 고요하니, 만일 이 일을 결정적으로 믿지 않고 형상에 집착하여 공용(功用)[68]을 구하는 것으로써 수행을 한다면 모두가 망상이어서 도와는 아주 멀어진다.

이 마음이 곧 부처이다. 다시 다른 부처가 없고 다른 마음도 있지 않다. 이 마음은 맑고 밝아서 마치 허공과 같으니 한 점의 형상도 없다. 마음을 일으키거나 생각을 움직이면 즉시 법체에 어긋나는 것이어서 형상에 집착하는 것이다. 비롯함이 없는 과거로부터 집착할 형상 없는 것이 부처이다. 육도만행을 닦아서 부처됨을 구하는 것은 차제(次第)이니 비롯함이 없는 옛적부터 차제 부처님은 없다.

○此心即是佛。佛即是眾生。眾生即是佛。佛即是心。為眾生時此心不減。為諸佛時此心不添。乃至六度萬行河沙功德。本自具足不假修添。遇緣則施。緣息則寂。若不決定信此。而欲著相修行以求功用。皆是妄想與道相乖。此心即是佛。更無別佛。亦無別心。此心淨明猶如虛空。無一點相貌。舉心動念即乖法體。即為著相。無始來無著相佛。修六度萬行欲求成佛。即是次第無始來無次第佛。

68) 공용(功用) : 몸・입・뜻 의 동작. 씀이 없이 써야 진정한 공용이다.

오직 온통인 마음을 깨달으면 다시 어떤 조그마한 법도 얻을 것이 없으니, 이것이 곧 참 부처이다.

부처와 중생은 일심이어서 다른 것이 없어서 마치 허공과 같아 섞임도 없고 무너짐도 없다. 마치 둥근 해가 사천하를 비추는데 비출 때에는 광명이 천하에 두루하나 허공은 밝아진 적이 없고, 해가 저문 뒤에는 어두움이 천하에 두루하나 허공은 어두워진 적도 없는 것과 같다. 밝고 어두움은 서로 엇바뀌지만 허공의 성품은 가없어 변함이 없듯 부처와 중생의 마음도 또한 이와 같다.

만일 부처는 청정하고 빛나는 해탈의 모습이라 여기고, 중생은 더럽고 어두운 생사의 모습이라 여기면, 이 사람의 이러한 견해로는 항하사 겁을 지나더라도 끝내 보리를 얻지 못하리니, 형상에 집착하기 때문이다.

오직 이 일심뿐이요, 다시는 티끌만큼도 얻을 만한 작은 법도 없어 곧 이 부처이다.

但悟一心更無少法可得。此則真佛。佛與眾生一心無異。猶如虛空無雜無壞。如大日輪照四天下。日照之時明遍天下。虛空不曾明。日沒之後暗遍天下。虛空不曾暗。明暗之景自相凌奪。虛空之性廓然不變。佛與眾生心亦如此。若觀佛作清淨光明解脫之相。觀眾生作垢濁暗昧生死之相。此人作此解。歷河沙劫終不得菩提。即是著相之故。唯此一心。更無微塵許少法可得。即是佛。

그렇건만 요사이 도를 배우는 사람들은 이 마음의 본체를 깨닫지 못하고, 마음 위에서 마음을 내어 밖을 향해 부처를 구하고 형상에 집착하여 수행하니, 모두가 잘못된 법이요 보리의 도가 아니다.

○ 시방에 계신 모든 부처님께 공양하는 것이 무심도인 한 사람께 공양하는 것만 못하니 그런 분을 가히 만나기 어렵기 때문이다.

무심이라는 것은 일체 마음이랄 것이 없다는 뜻이니, 여여(如如)한 본체는 안팎이 목석과 같아서 움직임이 없고 굴림이 없으며, 안팎이 허공과 같아서 막히지도 걸리지도 않고 능소도 없고 방위도 없고 상호도 없고 득실(得失)도 없다.

나아가려고 하는 자는 감히 이 법에 들어오지 못하니, 공에 떨어져 머무를 곳이 없게 될까봐 두려워하여 헤아려 엿보다 물러나고 만다.

문수는 이치에 해당하고 보현은 행에 해당하는데, 이치란 참으로 공하여 걸림이 없는 이치요, 행이란 형상을 여의어 다함이 없는 행이다. 관음은 대자(大慈)에 해당하고 세지는 대지(大智)에 해당한다.

今學道人不悟此心體。便於心上生心。向外求佛著相修行。皆是惡法非菩提道。○供養十方諸佛。不如供養一無心人不可得。無心者無一切心也。如如之體。內外如木石不動不轉。內外如虛空不塞不礙。無能無所。無方所。無相貌。無得失。趣者不敢入此法。恐落空無棲泊處故望涯而退。文殊當理。普賢當行。理者真空無礙之理。行者離相無盡之行。觀音當大慈。勢至當大智。

유마(維摩)는 정명(淨名)이니 정은 성품이요, 명은 형상인데 성품과 형상이 다르지 않으므로 정명이라 한다. 모든 대보살이 표하는 바를 사람들이 다 갖추고 있으니 온통인 마음만 여의지 않음을 깨달으면 바로 이것이다.

요즈음 도를 배우는 사람들은 자기 마음을 향하여 깨달으려 하지 않고, 마음 밖에서 형상에 집착하여 구하고 경계를 취하니 모두가 도와는 멀다.

항하의 모래란 부처님께서 말씀하신 이 모래인데, 이 모래는 모든 부처님과 보살과 제석과 범천들이 밟고 지나간다 해도 기뻐하지 않고, 소·양·벌레·개미가 밟고 지나가도 모래는 성내지 않으며, 진기한 보배와 향기로운 향기가 있어도 모래는 탐내지 않고, 똥·쓰레기 따위 더러운 것이 와도 모래는 싫어하지 않는다.

이 마음은 곧 무심인 마음이니 일체 형상을 여의었다. 중생과 모든 부처님이 조금도 다르지 않으니 다만 무심하면 그대로가 구경(究竟)이다.

維摩淨名也。淨者性也。名者相也。性相不異號為淨名。諸大菩薩所表者。人皆有之。不離一心。悟之即是。今學道人不向自心中悟。乃於心外求著相取境。皆與道背。恒河沙者佛說是沙。此沙諸佛菩薩釋梵諸天步履而過。沙亦不喜。牛羊蟲蟻踏踐而行。沙亦不怒。珍寶馨香沙亦不貪。糞溺臭穢沙亦不惡。此心即無心之心。離一切相。衆生諸佛更無差殊。但能無心便是究竟。

도를 배우는 사람이 곧바로 무심이 되지 못하면 여러 겁을 수행하여도 끝내 도를 이루지 못하고 삼승의 공행(功行)에 묶여서 해탈하지 못한다.

그러나 이 마음을 증득하는 데는 더디고 빠름의 차이가 있으니, 법을 들으면 한 생각에 무심을 얻는 이도 있고, 십신(十信)[69]·십주(十住)[70]·십행(十行)[71]·십회향(十廻向)[72]에 이르러 무심을 얻는 이도 있으며, 십지(十地)[73]에 이르러 무심을 얻는 이도 있다.

學道人。若不直下無心累劫修行終不成道。被三乘功行拘繫不得解脫。然證此心有遲疾。有聞法一念便得無心者。有至十信十住十行十迴向乃得無心者。有至十地乃得無心者。

69) 십신(十信) : 보살의 수행 단계 52위 중 처음 제1위에서 제10위까지의 계위. 부처의 가르침을 믿어 의심이 없는 지위.

70) 십주(十住) : 보살의 수행계위 52위 중 제11위에서 제20위까지의 계위. 십지주(十地住), 십법주(十法住)라고도 한다. 십신(十信)이후 십행(十行) 이전에 해당한다.

71) 십행(十行) : 보살의 수행계위 52위 중 제21위에서 제30위까지의 계위. 열 가지 이타행, 십행심(十行心)이라고도 한다.

72) 십회향(十廻向) : 보살의 수행계위 52위 중 제31위에서 제40위까지의 계위. 십회향심(十回向心)이라고도 하며, 줄임말은 십향(十向)이다. 대자비심으로 십신(十信), 십해(十解), 십향(十向) 등의 단계에서 닦은 공덕을 모든 중생을 구제하기 위해 베풀어 줌으로써 자신과 타인이 함께 불과(佛果)를 향해 나아가고자 하는 열 가지 단계를 말한다..

73) 십지(十地) : 보살의 수행계위 52위 중 제41위에서 제50위까지의 계위.

더디거나 빠르거나 무심을 얻어서 그대로 머무르면 다시 닦을 것도 증득할 것도 없다.

실로 얻을 것이 없어서 진실하여 허망치 않으니, 한 생각에 얻은 이와 십지에서 얻은 이의 공덕은 같아서 조금도 깊고 얕음이 없건만 다만 여러 겁이 지나도록 헛수고를 했을 뿐이다.

악과 선을 짓는 것이 모두가 형상에 집착하는 것이니, 형상에 집착하여 악을 지으면 헛되이 윤회를 받고, 형상에 집착하여 선을 지으면 헛된 수고로움 뿐이다. 모두가 언하에 근본법을 스스로가 깨닫는 것만 못하다.

이 법은 곧 마음이니 마음 밖에는 법이 없다. 이 마음이 곧 법이지만 법 안에는 마음이랄 것도 없는 것이다.

마음은 스스로가 무심이라 하나 또한 무심이라 할 것도 없다. 마음을 가지고 무심이 되게 하려면 마음이 도리어 있게 된다.

長短得無心即住更無可修。更無可證。實無所得真實不虛。一念而得與十地而得者。功用恰齊更無深淺。只是歷劫枉受辛勤耳。造惡造善皆是著相。著相造惡枉受輪迴。著相造善枉受勞苦。總不如言下自認取本法。此法即心心外無法。此心即法法內無心。心自無心。亦無無心者。將心無心心即成有。

묵연히 계합할 뿐이어서 온갖 사량이 끊어졌으므로 이르기를 '언어의 길이 끊어지고 마음으로 행할 곳이 없다.'라고 한다.

이 마음은 본래부터 근원이 청정한 부처여서 사람마다 지니고 있다. 꿈틀거리는 축생들도 모든 부처님이나 보살들과 한 가지 바탕이어서 다르지 않으니, 다만 망상 분별 때문에 갖가지 업과 과보를 지을 뿐, 근본 부처 자리에는 진실로 한 물건도 없다. 비고 통한 열반의 묘한 밝음인 안락일 뿐이다.

스스로가 깊이 깨달으면 곧바로 그대로가 이것이어서 원만 구족하여 다시는 모자라는 바가 없다.

설사 삼아승지겁을 지나면서 정진하고 수행하여 온갖 지위를 겪었더라도 온통인 생각을 증득했을 때에는 다만 원래의 자기 부처를 증득했을 뿐이니 구경에 한 물건도 더한 것은 없다.

여러 겁 동안 공부한 일을 돌이켜보건대 모두가 꿈속의 망령된 짓이다.

默契而已。絕諸思量。故曰。言語道斷心行處滅。此心是本源清淨佛。人皆有之。蠢動畜生與諸佛菩薩一體不異。只為妄想分別造種種業果。本佛上實無一物。虛通寂靜明妙安樂而已。深自悟認。直下便是圓滿具足更無所欠。縱三僧祇精進修行歷諸地位。及一念證時。只證元來自佛。向上更不添得一物。却觀歷劫功用總是夢中妄為。

그러므로 여래께서 이르시기를 '나는 실제로 위없는 도를 얻은 바가 없다. 내가 만약 망령되게 얻은 바가 있다면 연등 부처님께서 나에게 수기(授記)하지 않으셨을 것이다.'라고 하셨고, 또 이르시기를 '이 법은 평등하여 높고 낮음이 없다.'라고도 하셨다. 이것을 보리라 하니, 이 본래 근원인 청정한 마음은 중생과 모든 부처, 세계와 산하, 형상 있음과 형상 없음 등 시방세계에 두루하고 일체에 평등하여 너니 나니 하는 상까지도 없다.

이 본래 근원인 청정한 마음은 항상 스스로 두렷이 밝아 두루 비추거늘 세상 사람들이 깨닫지 못하는 것은 보고 듣고 느끼고 아는 것을 마음으로 여기기 때문이니, 보고 듣고 느끼고 앎에 덮여서 정묘하고 밝은 본체를 보지 못한다.

다만 단박에 무심하면 근본체가 저절로 드러나니, 마치 둥근 해가 허공에 솟아 시방을 두루 비추면 아무것도 장애될 것이 없는 것과 같다.

故如來云。我於阿耨菩提實無所得。若妄有所得。然燈即不與授記。又云。是法平等無有高下。是名菩提。即此本源清淨心。與衆生諸佛世界山河有相無相遍十方界。一切平等無彼我相。此本源清淨心。常自圓明遍照。世人不悟只認見聞覺知為心。為見聞覺知所覆。所以不覩精明本體。但直下無心本體自現。如大日輪升於虛空遍照十方更無障礙。

그러므로 도를 배우는 사람이 보고 듣고 느끼고 아는 것을 움직여 짓는 것으로 삼아 알다가, 보고 듣고 느끼고 아는 것을 비워 버리면 마음 길이 끊어져서 들어갈 곳이 없게 되리라. 다만 보고 듣고 느끼고 아는 당처에서 본래의 마음을 알기만 하라.

그러나 본래의 마음은 보고 듣고 느끼고 아는 것에 속하지도 않고 그것을 여의지도 않는다.

다만 보고 듣고 느끼고 아는 위에서 알음알이를 일으키지도 말고, 보고 듣고 느끼고 아는 위에서 생각을 움직이지도 말며, 또한 보고 듣고 느끼고 아는 것을 여의고 마음을 찾지도 말고, 보고 듣고 느끼고 아는 것을 버리고서 법을 취하지도 말라.

즉하지도 말고, 여의지도 말며, 머물지도 말고, 집착하지도 않아 종횡으로 자재하면 도량 아닌 곳이 없다.

故學道人惟認見聞覺知為動作。空却見聞覺知。即心路絕無入處。但於見聞覺知處認本心。然本心不屬見聞覺知。亦不離見聞覺知。但莫於見聞覺知上起見解。莫於見聞覺知上動念。亦莫離見聞覺知覓心。亦莫捨見聞覺知取法。不即不離不住不著。縱横自在無非道場。

○ 세상 사람들이 법문을 듣고 나서 모든 부처님들이 마음의 법을 전하셨다고 하니, 마음 위에 따로 증득하고 취할 수 있는 어떤 법이 있다고 말하며 마음으로 법을 찾는다면, 마음이 곧 법이고 법이 곧 마음임을 알지 못하는 것이다. 마음을 가지고 다시 마음을 찾지 마라. 천만 겁을 지나도 끝내 얻을 날이 없다. 곧바로 무심이 되는 것만 못하니 이것이 곧 본래의 법이다.

역사(力士)가 이마의 보배 구슬이 이마 속에 숨어 있는데 밖을 향하여 두루 시방에 다니면서 구하고 찾는다면 끝내 얻지 못하지만, 지혜로운 이가 가르쳐 주면 당장에 본래 구슬이 여전한 것을 스스로 볼 수 있는 것과 같다.[74)]

도를 배우는 사람이 미혹하여 스스로 본래의 마음을 부처라 여기지 않고, 밖을 향해 구해 공덕을 일으키고 수행을 하면서 차례대로 과위를 증득하려 한다면, 몇 겁을 지나도록 부지런히 구하여도 도를 이루지 못할 것이니, 곧바로 무심이 되는 것만 못하다.

○世人聞道。諸佛皆傳心法。將謂心上別有一法可證可取。遂將心覓法。不知心即是法法即是心。不可將心更求於心。歷千萬劫終無得日。不如當下無心。便是本法。如力士額珠隱於額內。向外求覓周行十方。終不能得。智者指之。當時自見本珠如故。學道人迷自本心不認為佛。遂向外求覓起功用行。依次第證果位。歷劫勤求元不成道。不如當下無心。

74) 『대반열반경』에 나오는 금강역사의 이마에 박힌 보배구슬의 비유.

일체 법이 본래 없어서 얻을 바도 없고 머무름도 없으며 의지함도 없고 능소도 없음을 반드시 알아, 망령되게 움직이지 않아야 보리를 증득하리라.

그리고 도를 증득한다는 것도 다만 본 마음의 부처를 증득한 것일 뿐이니, 여러 겁 동안의 공용과 아울러 허망한 수행일 뿐이다. 마치 역사가 구슬을 얻었을 때에도 본래의 이마 구슬을 찾았을 뿐이요, 밖을 향해 구하던 공력과는 관계없는 것과 같다.

그러므로 부처님께서 '나는 아뇩다라삼먁삼보리를 실제로 얻은 바가 없다.'라고 하셨다.

사람들이 믿지 않을까 걱정이 되어 다섯 가지 눈으로 본 것과 다섯 가지 말로 설한 것으로 이끈 것이 진실하여 허망하지 않으니, 이것이 제1의제이다.

決定知一切法本無所有亦無所得。無住無依無能無所。不動妄念便證菩提。及證道時只證本心佛。歷劫功用並是虛修。如力士得珠時。只得本額珠。不關向外尋求之力故。佛言。我於阿耨菩提實無所得。恐人不信故。引五眼所見五語所言。真實不虛是第一義諦。

○ 도를 배우는 사람들이여 의심하지 마라. 사대(四大)로 몸을 삼으나 사대는 '나'라는 것이 없고 '나'라는 것 또한 주체가 없다.

그러므로 이 몸은 '나'라 할 것도 주체라 할 것도 없으며 오음(五陰) 역시 '나'라 할 것도 없고 주체라 할 것도 없다.

그러므로 이 마음은 '나'라는 것이 없어 주체라고 할 것도 없음을 알아야 한다. 육근·육진·육식이 화합해서 생멸하는 것도 또한 이와 같으니 열여덟 가지 경계〔十八界〕가 이미 공해서 일체가 모두 공하면 오직 본 마음만이 가없이 이러-히 청정하다.

의식으로 먹는 것과 지혜로 먹는 것이 있는데, 사대로 된 몸은 주림과 질병을 근심거리로 삼으니, 형편 따라 보양하되 탐욕을 내지 않는 것을 지혜로 먹는다 하고, 욕심 따라 맛을 취하여 망령되게 분별을 일으키며 입에 맞는 것만을 찾아 싫어할 줄 모르는 것을 의식으로 먹는다 한다.

○學道人勿疑。四大為身。四大無我。我亦無主。故知此身無我亦無主。五陰無我亦無主。故知此心無我亦無主。六根六塵六識和合生滅亦復如是。十八界既空一切皆空。唯有本心蕩然清淨。有識食有智食。四大之身飢瘡為患。隨事給養不生貪著。謂之智食。恣情取味妄生分別。唯求適口不生厭離。謂之識食。

성문(聲聞)이란 것은 소리로 인하여 깨닫는 것을 성문이라 한다.

다만 자기의 마음을 깨닫지 못하고, 음성을 통한 가르침에 알음알이를 일으켜서 혹은 신통이나 혹은 상서로운 모습이나 언어나 움직임을 인한 보리열반이 있다는 말을 듣고, 삼아승지겁을 지나도록 닦아야 불도를 이룬다고 한다면, 모두가 성문의 도에 속하니 그들을 성문불이라 한다.

오직 곧바로 자기의 마음이 본래 부처임을 단박에 깨달아서 한 법도 얻음이 없고 한 행도 닦은 것이 없으면, 이것이 위없는 도이며 이것이 진여의 부처이다.

도를 배우는 사람은 한 생각이라도 있으면 도와는 간격이 생기는 것을 두려워해야 한다. 생각생각이 형상이 없고 생각생각이 함이 없으면 곧 이것이 부처이다.

도를 배우는 사람이 부처가 되고자 한다면 일체 불법을 모두 배울 필요가 없다. 다만 구함과 집착이 없음을 배워라.

聲聞者。因聲得悟謂之聲聞。但不了自心。於聲教上起解。或因神通。或因瑞相語言運動。聞有菩提涅槃三阿僧祇劫修成佛道。皆屬聲聞道。謂之聲聞佛。惟直下頓了自心本來是佛。無一法可得。無一行可修。此是無上道。此是真如佛。學道人只怕一念有即與道隔矣。念念無相念念無為。即是佛。學道人若欲得成佛。一切佛法總不用學。惟學無求無著。

구함이 없으면 마음에 남〔生〕이 없고 집착이 없으면 마음이 물듦이 없으니, 남이 없고 물듦이 없으면 곧 이것이 부처이다.

팔만 사천 법문은 팔만 사천 번뇌에 대하여 교화하고 이끄는 문이나 본래는 한 법도 없다.

번뇌를 여의게 해주는 것이 법이요, 여읜 줄을 알면 부처이니, 일체 번뇌를 여의기만 하면 얻을 법이라는 것마저도 없다.

○ 도를 배우는 사람이 요긴한 비결을 알고자 한다면 다만 마음에 한 물건도 집착하지 마라.

부처님의 법신이 마치 허공과 같다고 하는 것은 법신은 비었다는 것마저 빈 것이요, 비었다는 것마저 빈 것이 법신임을 비유한 것이건만, 항상 사람들이 법신이 허공에 두루하다거나 허공 속에 법신이 머금어져 있다고 말하니, 비었다는 것마저 빈 것이 법신이요, 법신이 비었다는 것마저 빈 것임을 모른다.

無求則心不生。無著則心不染。不生不染即是佛。八萬四千法門對八萬四千煩惱。是教化接引門。本無一法。離即是法。知離者是佛。但離一切煩惱無法可得。○學道人欲得知要訣。但莫於心上著一物。言佛法身猶如虛空。此是喻法身即虛空。虛空即法身。常人將謂法身遍於虛空處。虛空中含容法身。不知虛空即法身。法身即虛空也。

만일 반드시 비었다는 것마저 빈 것이 있다고 말하면 곧 비었다는 것마저 빈 이 법신이 아닐 것이요, 반드시 법신이 있다고 말하면 법신은 비었다는 것마저 빈 것이 아닐 것이니, 다만 비었다는 것마저 빈 것이란 견해를 짓지 않으면, 비었다는 것마저 빈 것이 곧 법신이요, 법신이란 견해를 짓지 않으면 법신이 곧 비었다는 것마저 빈 것이다.

비었다는 것마저 빈 것과 법신은 다른 형상이 없으니 부처와 중생도 다른 형상이 없고 생사와 열반도 다른 형상이 없으며 번뇌와 보리도 다른 형상이 없다.

일체 형상을 여읜 것이 부처이니, 범부는 경계를 취하고 도인은 마음을 취한다지만, 마음과 경계를 둘 다 잊어야 참된 법이다. 경계를 잊기는 쉬워도 마음을 잊기는 지극히 어렵다.

사람들이 감히 마음을 잊지 못하는 것은 공에 떨어져 잡을 곳이 없을 것을 두려워해서이니, 공이란 본래 공이 아니어서 오직 온통인 참 법계일 뿐임을 모르기 때문이다.

若定言有虛空。即虛空不是法身。定言有法身。即法身不是虛空。但不作虛空解。虛空即法身。不作法身解。法身即虛空。虛空與法身無異相。佛與衆生無異相。生死涅槃無異相。煩惱菩提無異相。離一切相即是佛。凡夫取境。道人取心。心境雙忘乃是真法。忘境猶易忘心至難。人不敢忘心。是恐落空無撈摸處。不知空本無空唯一真界耳

○ 이 신령스런 깨달음의 성품은 비롯함이 없는 옛적부터 허공과 수명이 같으니, 생긴 적도 멸한 적도 없고, 있은 적도 없은 적도 없으며, 더러운 적도 깨끗한 적도 없고, 시끄러운 적도 조용한 적도 없으며, 젊은 적도 늙은 적도 없고, 방향도 안팎도 없으며, 수량도 형상도 없고, 색상과 음성도 없으며, 찾을 수도 구할 수도 없고, 지식으로 알 수도 없고, 언어로 취할 수도 없으며, 물건의 그림자도 만날 수 없고, 공(功)을 들여서 이르를 수도 없다.

모든 불보살들과 일체 꿈틀거리는 중생이 모두가 동일한 큰 열반의 성품이니 성품이 곧 마음이요, 마음은 곧 부처요, 부처는 곧 법이다.

한 생각이 참됨을 여의면 모두가 망상이니 마음으로써 다시 마음을 구하지 말고, 부처로써 다시 부처를 구하지 말며, 법으로써 다시 법을 구하지 말라.

그러므로 도를 닦는 사람이 곧바로 무심이 되면 묵연히 계합하지만 마음을 헤아리면 곧 어긋난다.

○此靈覺性無始以來與空虛同壽。未曾生未曾滅。未曾有未曾無。未曾穢未曾淨。未曾喧未曾寂。未曾少未曾老。無方所無內外。無數量無形相。無色像無音聲。不可覓不可求。不可以智識解。不可以言語取。不可以景物會。不可以功用到。諸佛菩薩與一切蠢動衆生同大涅槃性。性即是心。心即是佛。佛即是法。一念離真皆為妄想。不可以心更求於心。不可以佛更求於佛。不可以法更求於法。故修道人直下無心默契。擬心即差。

마음으로 마음을 전하는 이것이 바른 견해이니, 행여 밖을 향해 경계를 쫓는 것을 마음이라 여기지 마라. 이것은 도적을 아들로 여기는 것이다.

탐냄·성냄·어리석음이 있으므로 계율·선정·지혜를 세웠거니와 본래 번뇌가 없거늘 어찌 보리가 있으랴.

그러므로 조사께서 '부처님이 일체 법을 말씀하신 것은 일체 마음을 없애기 위한 것인데, 나는 일체 마음이 없거니 일체 법을 무엇에 쓰리오.'라고 하셨다.

본래 근원이 청정한 부처에는 한 물건도 붙일 것이 없으니, 비유컨대 허공에 한량없는 값진 보배를 장엄한다 할지라도 끝내 머무를 수 없는 것과 같다.

불성도 허공과 같아서 아무리 한량없는 지혜와 공덕으로 장엄하여도 끝내 머무를 수 없으니, 다만 본래 성품을 미혹하여 전환되어서 보지 못할 뿐이다.

以心傳心此為正見。愼勿向外逐境為心。是認賊為子。為有貪瞋癡即立戒定慧。本無煩惱焉有菩提。故祖師云。佛說一切法。為除一切心。我無一切心。何用一切法。本源清淨佛上更不得著一物。譬如虛空。雖以無量珍寶莊嚴。終不能住。佛性同虛空。雖以無量智慧功德莊嚴。終不能住。但迷本性轉不見耳

○ 이른바 심지법문에서 말하기를, 만법이 모두가 이 마음에 의하여 세워진 것이어서 경계를 만나면 있고, 경계가 없으면 없는 것이니 깨끗한 성품에 경계라는 생각을 짓지 말라고 한다.

이른바 정혜라는 것은 비추고 씀이 역력(歷歷)하여 적적성성(寂寂惺惺)하다 하고, 보고 듣고 느끼고 아는 것은 모두가 경계 위에서 견해를 일으키는 것이라고 한다.

잠깐 중근기와 하근기를 위하여 설해서 알게 할 수는 있는 것이나, 만약 친히 증득하고자 하면 모두 이와 같은 생각까지도 짓지 말아야 하니 모두가 경계에 얽히리라.

법에 빠지는 곳이 있게 된 것은 있다는 경지에 빠졌기 때문이다. 다만 일체 법에 대하여 있다는 소견을 짓지 않으면 곧 법을 보는 것이다.

○所謂心地法門。萬法皆依此心建立。遇境即有。無境即無。不可於淨性上專作境解。所言定慧鑑用歷歷寂寂惺惺。見聞覺知皆境上作解。暫為中下人說即得。若欲親證。皆不可作如此解。盡是境縛。法有沒處沒於有地。但於一切法不作有見。即見法

○ 달마 대사가 중국에 온 뒤로 오직 한 성품만을 말하고 오직 한 법만을 전하였으니, 부처로써 부처를 전하였을 뿐 다른 부처를 말하지 않았고, 법으로써 법을 전하였을 뿐 다른 법을 말하지 않았다.

법은 말할 수 없는 법이요, 부처는 취할 수 없는 부처이니, 그것은 본래 근원인 청정한 마음이다.

오직 이 온통인 일만이 진실하고 남은 이(二)는 곧 진실하지 않으니, 반야를 지혜라 하는데 이 지혜는 곧 형상 없음의 근본이다.

○ 범부는 도에 나아가지 않고 오직 육정(六情)을 제멋대로 부려 육도(六道)로 가니, 곧 도를 배운 뒤라 할지라도 한 생각에 생사를 헤아려서 곧 온갖 마의 길에 떨어지고, 한 생각에 온갖 소견을 일으켜 곧 외도에 떨어지며, 나는〔生〕 것이 있다고 보고 그 멸함으로 나아가서 성문의 도에 떨어지고, 나는 것은 보지 않고 사라짐만을 보아 연각(緣覺)[75]에 떨어진다.

○自達磨大師到中國。唯說一性。唯傳一法。以佛傳佛不說餘佛。以法傳法不說餘法。法即不可說之法。佛即不可取之佛。乃是本源清淨心也。唯此一事實餘二則非真。般若為慧。此慧即無相之本也。○凡夫不趣道。唯恣六情乃行六道。即學道後。一念計生死。即落諸魔道。一念起諸見。即落外道。見有生趣其滅。即落聲聞道。不見有生唯見有滅。即緣覺道。

---

75) 연각(緣覺) : 12인연을 홀로 관하여 깨닫는 것. 벽지불 또는 독각.

법은 본래부터 나지 않아서 멸하지도 않으니, 두 소견을 일으키지 말고 싫어하거나 기뻐하는 생각을 내지 말라. 일체 모든 법은 오직 온통인 마음 이것이니, 그러한 뒤에야 불승(佛乘)[76]이 된다.

○ 대개 사람은 모두가 경계를 따라 마음을 내서 그 마음이 기뻐함과 싫어함을 따르니, 만일 경계를 없애려면 마땅히 그 마음을 잊어야 한다.

마음을 잊으면 경계가 공하고, 경계가 공하면 마음이 멸한다. 마음을 잊지 않고 경계를 제거하려 하면 경계를 제거할 수 없고 어지러움만을 더할 뿐이다. 그러므로 만법이 오직 마음이라 하나 마음도 얻을 수 없는 것이거늘 더 이상 무엇을 구하리오.

法本不生今亦不滅。不起二見不厭不忻。一切諸法唯一心是。然後乃為佛乘也。○凡人皆逐境生心。心隨欣厭。若欲無境當忘其心。心忘則境空。境空則心滅。不忘心而除境。境不可除。只益紛擾耳。故萬法唯心心亦不可得。復何求哉

76) 불승(佛乘) : 불교에서 중생이 성불하도록 가르치는 법을 말한다. 유일한 법이기 때문에 일불승(一佛乘) 또는 일승(一乘)이라 한다.

○ 반야의 법을 배우는 사람은 한 법이라도 얻을 수 있다고 보지 말아야 하며 삼승에도 뜻을 두지 않아야 한다.

오직 하나뿐인 진실은 증득할 수 없거늘 '내가 증득했다.'라고 하면 모두가 뛰어난 체하는 사람이다. 법화회상에서 옷자락을 떨치고 가버린 무리들이 모두가 이러한 무리들이다.

그러므로 부처님께서 '나는 보리에서 실로 얻은 바가 없다. 묵연히 계합할 뿐이다.'라고 하셨다.

○ 대개 사람이 닦아 증득하고자 하나 다만 오온이 모두가 공한 것을 관조하면 사대가 '나'라 할 것도 없다.

참 마음은 형상이 없어서 가지도 오지도 않으며, 날 때 성품이 오는 것도 아니고 죽을 때 성품이 가는 것도 아니니, 가없어 이러-하고 두렷이 고요해서 마음과 경계가 온통 같다.

다만 이와 같이 곧바로 단박에 깨달으면 삼세에 얽매이지 않고 세상을 초월한 사람이 되리니 털끝만큼도 향해 나아가려 하지 마라.

○學般若法人。不見一法可得。絕意三乘。唯一真實。不可證得。謂我能證能得。皆增上慢人也。法華會下拂衣而去者。皆斯徒也。故佛言。我於菩提實無所得。默契而已。○凡人欲修證。但觀五蘊皆空四大無我。真心無相不去不來。生時性亦不來。死時性亦不去。湛然圓寂心境一如。但能如此直下頓了。不為三世所拘繫。便出世人也。切不得有分毫趣向。

만일 좋은 형상으로서 부처님들이 마중을 나오시거나 갖가지 일이 앞에 나타나더라도 따라가려는 마음을 내지 말고, 나쁜 형상으로서 갖가지가 나타나더라도 두려워하는 마음을 내지 마라. 다만 자신의 마음이라는 것마저 다해 법계화 되면 문득 자재하게 될 것이다.

○ 대개 화성(化城)이라 말하는 것은 2승〔소승〕과 십지(十地) 내지 등각(等覺)이나 묘각(妙覺)에 이르기까지 모두 방편으로 세워서 이끄는 가르침이다. 이것을 아울러 화성이라 한다.

보배가 있는 곳이란 참 마음인 본래 부처로 자성인 보배를 말함이니, 이 보배는 뜻으로 헤아리는 데 속하는 것이 아니요, 세울 수도 없고 부처라 함도 중생이라 함도 없으며 능소도 없거니 어디에 화성이 있으랴.

若見善相諸佛來迎。及種種現前亦無心隨去。若見惡相種種現前亦無畏心。但自忘心同於法界。便得自在。○凡言化城者。二乘及十地乃至等覺妙覺。皆是權立接引之教。並為化城也。言寶所者。乃真心本佛自性之寶。此寶不屬情量。不可建立。無佛無眾生。無能無所。何處有城。

이러해서 '이것이 이미 이 화성이라면 어디가 보배가 있는 곳이냐?'라고 물을 때, 보배가 있는 곳이란 가리킬 수도 없고, 가리킬 수 있다면 진실한 장소가 아니니, 그러므로 말하기를 '가까운 곳에 있을 뿐'이라고 하였다.

가까운 곳에 있다 하나 정하여 헤아려 말할 수 없는 것이니 다만 본체에 계합해 알면 그대로가 이것이다.

천제(闡提)[77]라는 것은 믿음을 갖추지 못한 무리이다. 일체 육도의 중생과 2승들까지도 부처의 과위를 지니고 있음을 믿지 않으니, 그들을 모두 선근이 끊어진 천제라 한다.

보살들은 불법을 깊이 믿어 대승과 소승이 있음을 보지 않고 부처와 중생이 동일한 법성이라고 하니, 이들을 선근이 있는 천제라 한다.

若問此既是化城何處為寶所。寶所不可指。指即有寶所。非真實所也。故云在近而已。在近者。不可定量言之。但當體會契之即是。闡提者信不具也。一切六道眾生。及至二乘不信有佛果。皆謂之斷善根闡提。菩薩深信佛法。不見有大乘小乘佛與眾生同一法性。乃謂之善根闡提。

77) 천제(闡提) : 선근(善根)이 끊어져 영원히 성불하지 못하는 사람. 성불하지 못한다는 뜻으로 단선천제(斷善闡提)와 대비천제(大悲闡提)가 있다. 단선천제는 대사견(大邪見)을 일으켜 일체의 선근이 끊어진 것이고, 대비천제는 대비심으로 일체 중생을 모두 제도한 뒤에 성불하려 하는데 중생은 끝이 없으므로 성불할 기회가 없는 것이다.

대체로 가르치는 소리를 인하여 깨닫는 이를 성문(聲聞)이라 하고, 인연을 관해서 깨닫는 이를 연각(緣覺)이라 한다. 만일 자기 마음속에서 깨닫지 못한다면 비록 부처를 이루었다 하여도 역시 성문불이라 한다.

도를 배우는 사람이 법에서만 깨닫고 마음을 깨닫지 못하면, 아무리 여러 겁을 지나도록 수행하더라도 끝내 근본 부처는 아니다. 만일 마음을 깨닫지 못하고 법에서만 깨닫는다면, 마음은 가벼이 여기고 법은 중히 여기는 것이어서 끝내는 흙덩이를 쫓는 것만 이루고 근본 마음은 잊게 된다. 다만 근본 마음에 계합하면 법을 구할 필요가 없으니, 마음이 곧 법이다.

○ 대개 사람들은 흔히 경계가 마음에 장애가 된다고 하고, 현실〔事〕이 이치〔理〕에 장애가 된다 하여, 항상 경계를 피하여 마음을 편히 하려고 하고, 현실을 막아서 이치에 안정하려고 하는데, 이 마음이라는 것이 막는 경계이고, 이 이치라는 것이 막는 현실임을 모른다.

大抵因聲教而悟者名聲聞。觀因緣而悟者名緣覺。若不向自心中悟。雖至成佛亦謂之聲聞佛。學道人於法上悟不於心上悟。雖歷劫修行。終不是本佛。若不心悟乃於法悟。即是輕心重法。遂成逐塊。忘於本心故。但契本心不用求法。心即法也。○凡人多謂境礙心。謂事礙理。常欲逃境以安心屏事以存理。不知乃是心礙境理礙事。

다만 마음을 비우면 경계는 저절로 비워지고, 이치를 고요하게 하면 현실은 저절로 고요해진다. 전도되게 마음을 쓰지 마라.

○ 대개 사람들이 흔히 마음을 비우지 못하는 것은 자기의 마음이 본래 공한 것을 알지 못하고 공에 떨어질까 두려워하기 때문이다.

어리석은 사람은 경계는 없애지만 마음은 없애지 못하고, 지혜로운 이는 마음을 없앰으로 경계를 없앤다는 것도 없다.

보살은 마음이 허공과 같아서 일체를 모두 버렸으므로 지은 복덕에 전혀 탐내지 않는다.

그런데 버림에는 세 가지가 있으니, 안팎의 몸과 마음을 온통 다 버리어 마치 허공과 같이 취할 바가 없게 된 후에, 곳에 따라 사물에 응하되 능소를 모두 잊음이면 이것은 크게 버림〔大捨〕이라 한다. 만일 한쪽으로는 도를 행하여 덕을 펴고 한쪽으로는 두루 버리어 희망하는 마음이 없으면 이것을 중간 버림〔中捨〕이라 한다.

但令心空境自空。但令理寂事自寂。勿倒用心也。○凡人多不肯空心恐落空。不知自心本空。愚人除事不除心。智者除心不除事。菩薩心如虛空一切俱捨。所作福德皆不貪著。然捨有三等。內外身心一切俱捨。猶如虛空無所取著。然後隨方應物能所皆忘。是謂大捨。若一邊行道布德。一邊旋捨無希望心。是謂中捨。

뭇 선행을 두루 닦으나 희망하는 생각이 있다가 법을 듣고는 공함을 알아 이어 집착하지 않게 되면 이것을 작은 버림〔小捨〕이라 한다. 큰 버림이란 횃불이 앞에 있는 것 같아서 더 이상 미혹도 깨달음도 없고, 중간 버림이란 횃불이 옆에 있는 것 같아서 밝은 듯 어두운 듯 하고, 작은 버림은 횃불이 뒤에 있는 것 같아서 앞길의 구덩이와 함정이 보이지 않는다.

그러므로 보살은 마음이 허공과 같아서 일체를 모두 버린다. 과거의 마음을 얻을 수 없음은 과거란 것마저 버림이요, 현재의 마음을 얻을 수 없음은 현재라는 것도 버림이며, 미래의 마음을 얻을 수 없음은 미래라는 것마저 버림이니, 이른바 삼세를 모두 버림이라 한다.

여래께서 가섭에게 법을 전한 이래로 마음으로 마음을 인가하니, 마음과 마음이 다르지 않다.

공에 집착한 인가는 문채를 이루지 못하고, 사물에 집착한 인가는 법을 이루지 못한다.

若廣修眾善有所希望。聞法知空。遂乃不著是謂小捨。大捨如火燭在前更無迷悟。中捨如火燭在旁。或明或暗。小捨如火燭在後不見坑穽。故菩薩心如虛空。一切俱捨。過去心不可得。是過去捨。現在心不可得。是現在捨。未來心不可得。是未來捨。所謂三世俱捨。自如來付法迦葉以來。以心印心。心心不異。印著空則印不成文。印著物則印不成法。

그러므로 마음으로 마음을 인가하여 마음과 마음이 다르지 않다 하나, 인가하는 자와 인가 받는 자가 모두 계합해 맞기가 어려워 얻는 이가 적다. 그러나 마음은 곧 마음이라 하는 것이 없고 얻어서는 곧 얻은 적도 없다.

○ 부처님은 세 가지 몸〔三身〕이 있으니, 법신은 제 성품의 영통(靈通)한 법을 말한 것이고, 보신은 일체 청정한 법을 말한 것이며, 화신은 육도만행의 법을 말한 것이다.

법신의 설법은 언어와 음성과 형상과 문자로써 하지 않으니, 말할 바와 증득할 바가 없어서 스스로 성품이 영통할 뿐이다. 그러므로 '설법할 법이 없는 것을 설법이라 한다.'라고 하였다.

보신과 화신은 모두가 근기에 따라서 설법하는 형상을 나타내며, 또한 일에 따라 근기에 응하여 포섭하고 교화하는 것이니 모두가 참된 법이 아니다. 그러므로 '보신과 화신은 참 부처가 아니요, 설법하는 이도 아니다.'라고 하였다.

故以心印心心心不異。能印所印俱難契會。故得者少。然心即無心得即無得。○佛有三身。法身說自性靈通法。報身說一切清淨法。化身說六度萬行法。法身說法不以語言音聲形相文字。無所說無所證。自性靈通而已。故曰。無法可說是名說法。報身化身皆隨機感現所說法。亦隨事應根以為攝化。皆非真法。故曰報化非真佛。亦非說法者

○ 모두가 하나의 정명(精明)이 나뉘어 여섯 가지 화합이 되었다 하였는데 하나의 정명이란 온통인 마음이요, 여섯 가지 화합이란 여섯 감관이 제각기 경계와 화합된 것이니, 눈이 색과 화합하고, 귀가 소리와 화합하고, 코가 향기와 화합하고, 혀가 맛과 화합하고, 몸이 닿음과 화합하고, 뜻이 법과 화합하여 중간에 여섯 가지 의식이 생기어 열여덟 가지 경계가 된다.

만일 열여덟 가지 경계가 공하여 아무것도 없음을 알면 여섯 가지 화합이 합쳐져서 하나의 정명이 되니, 하나의 정명이란 곧 마음이다.

도를 배우는 사람이 모두가 이를 지식으로 알아, 다만 하나의 정명이 여섯 가지 화합이 되었다고 아는 것을 면치 못해서, 마침내 법에 얽매여 근본 마음을 깨닫지 못한다.

여래께서 세상에 나오셔서 일승의 진실한 법을 말씀하고자 하셨으나, 중생들이 믿지 않고 비방하다가 고통의 바다에 빠졌다.

○所言同是一精明分為六和合者。一精明者一心也。六和合者六根各與塵合。眼與色合。耳與聲合。鼻與香合。舌與味合。身與觸合。意與法合。中間生六識為十八界。若了知十八界空無所有。束六和合為一精明。一精明者即心也。學道人皆知此。但不能免作一精明六和合解。遂為法縛不契本心。如來現世欲說一乘真法。則眾生不信興謗沒於苦海。

만일 전혀 말씀하지 않으시면 부처님께서 인색하여 중생들을 위해 널리 묘한 도를 베풀지 않으신다고 할 것이니, 방편으로 삼승(三乘)을 말씀하신 것이다.

승(乘)에는 대승과 소승이 있고, 얻음에는 깊음과 얕음이 있는데 모두가 근본법은 아니다. 그러므로 이 일승의 도만이 진실하고 나머지 둘은 참된 것이 아니라 하셨다.

그렇건만 끝내 온통인 마음의 법은 나타내지 못하는 것이어서 가섭을 불러 같은 법좌에 앉혀 따로 일심을 전해 주시니, 말을 떠난 설법이다.

이 온통인 법이 지금 특별히 행해졌으니 만약 능히 계합해서 깨달으면 그대로 부처 경지에 이른다.

若都不說則佛墮慳貪。不為衆生普捨妙道。遂方便說三乘。乘有大小得有深淺。皆非本法。故云。惟此一乘道餘二即非真。然終未能顯一心法。故召迦葉同法座坐。別付一心離言說法。此一枝法今別行。若能契悟者。便至佛地。

토끼뿔

황벽 선사의 『전심법요』를 모두 읽고 그 요점을 간결하게 읊노라.

상없고 무심인 그것이
이 도에 근본이 되느니라
본래에 공과 상이 없으므로
이러-히 취사가 없어서
무심으로 만사를 응하면
청정한 자연스런 부처니라

無相與無心
此道爲根本
本來無空相
如是無取捨
無心應萬事
淸淨自然佛

상국(相國) 배휴(裵休)의 전심게(傳心偈)

내가 완릉과 종릉에서 모두 황벽 희운 선사를 친견하여 『전심법요』를 마치고 나서 '전심게'를 지었다.

마음은 전할 수 없으나
계합하는 것으로 전한다 하고
마음은 볼 수 없으나
없음으로써 본다 한다
계합했다 하면 계합한 것이 아니요
없다고 하면 없음이 아니다

裴休相國傳心偈 予於宛陵鐘陵皆得親黃檗希運禪師。盡傳心要。乃作傳心偈爾。

心不可傳
以契為傳
心不可見
以無為見
契亦無契
無亦無無

화성(化城)에 머문 적도 없어
미혹한 이의 이마에 있는 구슬이란
억지로 붙인 이름이니
화성인들 어찌 형상이 있으랴
마음이 그대로가 부처이니
부처는 곧 남〔生〕이 없는 것이다
곧바로 이것이니
구하거나 만들려 하지도 마라
부처로써 부처를 찾으면
공력을 곱이나 쓰게 되고

化城不住
迷額有珠
珠是強名
城豈有形
即心即佛
佛即無生
直下便是
勿求勿營
使佛覓佛
倍費功程

법을 따라 소견을 내면
곧 마의 경계에 떨어진다
범부와 성인을 분별하지 마라
보고 들음을 여의면
마음이라고 함마저 없음이 거울 같아
물건과 다툼이 없고
생각한다는 것마저 없어 허공 같으면
포용하지 못할 물건이 없다
삼승 밖의 법은
여러 겁을 지나도 만나기 어려우니

隨法生解
即落魔界
凡聖不分
乃離見聞
無心似鏡
與物無競
無念似空
無物不容
三乘外法
歷劫希逢

만약 능히 이러할 수 있다면
이것이 세상을 초월한 장부이다

일찍이 듣건대 '하동(河東) 대사(大士)[78]가 고안(高安) 도사(導師)[79]의 『전심법요』를 친견하고, 그 해에 게송을 지어서 후학들에게 보이니, 귀머거리와 소경이 단박에 열리어 단청을 보는 것과 같이 환하였다.'라고 하였는데, 내가 그 잊어버림을 애석히 여겨 이 기록에다가 연이어 기록해 둔다.

경력(慶歷) 무자(戊子)년에 남종(南宗)의 천진(天眞)이 쓰다.[80]

若能如是
是出世雄

甞聞。河東大士親見高安導師傳心要。於當年著偈章而示後。頓開聾瞽。煥若丹青。予惜其所遺。綴於本錄云爾。慶曆戊子歲南宗字天真者題(傳心法要內改十一處。除落三字添入九字。並按四家錄并別錄為據也)。

---

78) 하동(河東) 대사(大士) : 배휴를 가리킨다.

79) 고안(高安) 도사(導師) : 황벽 희운 선사를 가리킨다.

80) 『전심법요』 내의 열한 곳을 고쳤다. 세 글자를 없애고 아홉 글자를 추가하였다. 그리고 사가록과 별록을 근거로 삼았다. (원주)

 토끼뿔

배휴의 '전심게'를 모두 읽고 읊노라.

이러쿵저러쿵이
모두가 병이로세
온통인 마음으로
이러-히 응해 살면
청정하고 본연한
여여의 불이로세

색 인 표

색 인 표

색 인 표

색 인 표

색 인 표

ㅊ

ㅌ

ㅍ

ㅎ

색 인 표

부록은 농선 대원 선사님의 인가 내력과 법어 그리고 대원 선사님께서 직접 작사하신 노래 가사를 실었다. 특히 요즘 선지식 없이 공부하는 이들을 위하여 수행의 길로부터 불보살님의 누림까지 닦아 증득할 수 있도록 '부록4'에 '가슴으로 부르는 불심의 노래' 가사를 담았으니, 끝까지 정독하여 수행의 요긴한 지침이 되기를 바란다.

부 록

농선 대원 선사님 인가 내력

제 1 오도송

이 몸을 끄는 놈 이 무슨 물건인가?
골똘히 생각한 지 서너 해 되던 때에
쉬이하고 불어온 솔바람 한 소리에
홀연히 대장부의 큰 일을 마치었네

무엇이 하늘이고 무엇이 땅이런가
이 몸이 청정하여 이러-히 가없어라
안팎 중간 없는 데서 이러-히 응하니
취하고 버림이란 애당초 없다네

하루 온종일 시간이 다하도록
헤아리고 분별한 그 모든 생각들이
옛 부처 나기 전의 오묘한 소식임을
듣고서 의심 않고 믿을 이 누구인가!

此身運轉是何物
疑端汨沒三夏來
松頭吹風其一聲
忽然大事一時了

何謂靑天何謂地
當體淸淨無邊外
無內外中應如是
小分取捨全然無

一日於十有二時
悉皆思量之分別
古佛未生前消息
聞者卽信不疑誰

대원 선사님의 스승이신 불조정맥 제77조 조계종(曹溪宗) 전강(田岡) 대선사님께서 1962년 대구 동화사의 조실로 계실 당시 대원 선사님께서도 동화사에 함께 머무르고 계셨다.

하루는 전강 대선사님께서 대원 선사님의 3연으로 되어 있는 제1오도송을 들어 깨달은 바는 분명하나 대개 오도송은 짧게 짓는다고 말씀하셨다. 이에 대원 선사님께서는 제1오도송을 읊은 뒤, 도솔암을 떠나 김제들을 지나다가 석양의 해와 달을 보고 문득 읊었던 제2오도송을 일러드렸다.

제 2 오도송

해는 서산 달은 동산 덩실하게 얹혀 있고
김제의 평야에는 가을빛이 가득하네
대천이란 이름자도 서지를 못하는데
석양의 마을길엔 사람들 오고 가네

日月兩嶺載同模
金提平野滿秋色
不立大千之名字
夕陽道路人去來

제2오도송을 들으신 전강 대선사님께서는 이에 그치지 않고 그와 같은 경지를 담은 게송을 이 자리에서 즉시 한 수 지어볼 수 있겠냐고 하셨다. 대원 선사님께서는 곧바로 다음과 같이 읊으셨다.

바위 위에는 솔바람이 있고
산 아래에는 황조가 날도다

대천도 흔적조차 없는데
달밤에 원숭이가 어지러이 우는구나

岩上在松風
山下飛黃鳥
大千無痕迹
月夜亂猿啼

전강 대선사님께서는 위 송의 앞의 두 구를 들으실 때만 해도 지그시 눈을 감고 계시다가 뒤의 두 구를 마저 채우자 문득 눈을 뜨고 기뻐하는 빛이 역력하셨다.

그러나 전강 대선사님께서는 여기에서도 그치지 않고 다시 한 번 물으셨다.

"대중들이 자네를 산으로 불러내어 그 중에 법성(향곡 스님 법제자인 진제 스님. 동화사 선방에 있을 당시에 '법성'이라 불렸고, 나중에 '법원'으로 개명하였다.)이 달마불식(達磨不識) 도리를 일러보라 했을 때 '드러났다'라고 답했다는데, 만약에 자네가 당시의 양무제였다면 '모르오'라고 이르고 있는 달마 대사에게 어떻게 했겠는가?"

대원 선사님께서 답하셨다.

"제가 양무제였다면 '성인이라 함도 서지 못하나 이러-히 짐의 덕화와 함께 어우러짐이 더욱 좋지 않겠습니까?' 하며 달마 대사의 손을 잡아 일으켰을 것입니다."

전강 대선사님께서 탄복하며 말씀하셨다.

"어느새 그 경지에 이르렀는가?"

"이르렀다곤들 어찌하며, 갖추었다곤들 어찌하며, 본래라곤들 어찌하리까? 오직 이러-할 뿐인데 말입니다."

대원 선사님께서 연이어 말씀하시자 전강 대선사님께서 이에 환희하시니 두 분이 어우러진 자리가 백아가 종자기를 만난 듯, 고수명창 어울리듯 화기애애하셨다.

달마불식 공안에 대한 위의 문답은 내력이 있는 것이다. 전강 대선사님께서 대원선사님을 부르시기 며칠 전에, 저녁 입선 시간 중에 노장님 몇 분만이 자리에 앉아있을 뿐 자리가 텅텅 비어 있었다고 한다.

대원 선사님께서 이상히 여기고 있던 중, 밖에서 한 젊은 수좌가 대원선사님을 불렀다. 그 수좌의 말이 스님들이 모두 윗산에 모여 기다리고 있으니 가자고 하기에 무슨 일인가 하고 따라가셨다.

그러자 그 자리에 있던 법성 스님이 보자마자 달마불식 법문을 들고 이르라고 하기에 지체없이 답하셨다.

"드러났다."

곁에 계시던 송암 스님께서 또 안수정등 법문을 들고 물으셨다.

"여기서 어떻게 살아나겠소?"

대뜸 큰소리로 이르셨다.

"안·수·정·등."

이에 좌우에 모인 스님들이 함구무언(緘口無言)인지라 대원 선사님께서는 먼저 그 자리를 떠나 내려와 버리셨다.

그 다음날 입승인 명허 스님께서 아침 공양이 끝난 자리에서 지난 밤 입선시간 중에 무단으로 자리를 비운 까닭을 묻는 대중 공사를 붙여산 중에서 있었던 일들이 낱낱이 드러나고 말았다. 그리하여 입선시간 중에 자리를 비운 스님들은 가사 장삼을 수하고 조실인 전강 대선사님께 참회의 절을 했던 일이 있었다.

전강 대선사님께서는 이때에 대원 선사님께서 달마불식 도리에 대해 일렀던 경지를 점검하셨던 것이다.

이런 철저한 검증의 자리가 있었던 다음 날, 전강 대선사님께서 부르시기에 대원 선사님께서 가보니 모든 것이 약조된 데에서 주지인 월산(月山) 스님께서 입회해 계셨으며 전강 대선사님께서는 곧바로 다음과 같이 전법게(傳法偈)를 전해주셨다.

전 법 게

부처와 조사도 일찍이 전한 것이 아니거늘
나 또한 어찌 받았다 하며 준다 할 것인가
이 법이 2천년대에 이르러서
널리 천하 사람을 제도하리라

佛祖未曾傳
我亦何受授
此法二千年
廣度天下人

덧붙여 이 일은 월산 스님이 증인이며 2000년까지 세 사람 모두 절대 다른 사람이 알게 하거나 눈에 띄게 하지 않아야 한다고 당부하셨다.

만약 그러지 않을 시에는 대원 선사님께서 법을 펴 나가는데 장애가 있을 것이라고 예언하셨다. 또한 각별히 신변을 조심하라 하시고 월산 스님에게 명령해 대원선사님을 동화사의 포교당인 보현사에 내려가 교화에 힘쓰게 하셨다.

대원 선사님께서 보현사로 떠나는 날, 전강 대선사님께서는 미리 적어두셨던 부송(付頌)을 주셨으니 다음과 같다.

부 송

어상을 내리지 않고 이러-히 대한다 함이여
뒷날 돌아이가 구멍 없는 피리를 불리니
이로부터 불법이 천하에 가득하리라

不下御床對如是
後日石兒吹無孔
自此佛法滿天下

위의 게송에서 '어상을 내리지 않고 이러-히 대한다 함이여'라는 첫째 줄 역시 내력이 있는 구절이다.

전에 대원 선사님께서 전강 대선사님을 군산 은적사에서 모시고 계실 당시 마당에서 홀연히 마주쳤을 때 다음과 같은 문답이 있었다.

전강 대선사님께서 물으셨다.

"공적(空寂)의 영지(靈知)를 이르게."

대원 선사님께서 대답하셨다.

"이러-히 스님과 대담(對談)합니다."

"영지의 공적을 이르게."

"스님과의 대담에 이러-합니다."

"어떤 것이 이러-히 대담하는 경지인가?"

"명왕(明王)은 어상(御床)을 내리지 않고 천하 일에 밝습니다."

위와 같은 문답 중에 대원 선사님께서 답하신 경지를 부송의 첫째 줄에 담으신 것이다.

전강 대선사님께서 대원선사님을 인가(印可)하신 과정을 볼 때 한 번, 두 번, 세 번을 확인하여 철저히 점검하신 명안종사의 안목에 탄복하지 않을 수 없으며 이에 끝까지 1초의 머뭇거림도 없이 명철하셨던 대원선사님께 찬탄하지 않을 수 없다.

그리하여 법열로 어우러진 두 분의 자리가 재현된 듯 함께 환희용약하지 않을 수 없다.

이제 전강 대선사님과 약속한 2천년대를 맞이하였으므로 여기에 전법게를 밝힌다.

이로써 경허, 만공, 전강 대선사님으로 내려온 근대 대선지식의 정법의 횃불이 이 시대에 이어져 전강 대선사님의 예언대로 불법이 천하에 가득할 것이다.

농선 대원 선사님 법어

깨달음은 실증실수다. 그러나 지금의 불교가 잘못된 견해와 지식으로 불조의 가르침을 왜곡하고 견성성불 하고자 애쓰는 수행인들을 오히려 길을 잃고 헤매게 하고 있다.

그래서 이 장에서는 대원 선사님의 혜안으로 제방에서 논의되는 불교의 핵심적인 대목을 밝혀, 불조의 근본 종지를 드러내고 불교가 나아가야 할 바를 보였다.

깨달음의 정수를 담은 12게송은 실제 깨닫지 못하고 말로만 깨달음을 말하거나 혹은 깨달았다 해도 보림이 미진한 이들을 경계하게 하며 실증의 바탕에서 닦아 증득할 수 있도록 하였으니, 생사를 결단하고 본연한 참나를 회복하려는 이들에게 칠흑 같은 밤길에 등불과 같은 길잡이가 될 것이다.

개유불성

부처님께서 분명히 준동함령 개유불성(蠢動含靈 皆有佛性)이라고 하셨다. 이것은 모든 만물이 다 부처가 될 성품을 갖고 있다는 뜻이다. 불성이 하나라고 주장하는 목소리가 불교계에 드높으나 이것은 개유불성 즉, 낱낱이 제 불성은 제가 지니고 있다는 부처님의 말씀을 정면으로 어기는 말이다.

옛 선사님 말씀에 '천지(天地)가 여아동근(與我同根)이고 만물(万物)이 여아일체(與我一切)'라고 했다. '천지가 여아동근이다' 라는 것은 하늘 땅이 나와 더불어 같은 뿌리라는 말이다.

'나와 더불어'라고 했고 또한 한 뿌리가 아니라 같은 뿌리라고 했다. '더불 여(與)'자와 '같을 동(同)'자가 이미 하나라 할 수 없다는 것을 말해주고 있다. 즉 이 말은 하나와도 같다, 한결같이 똑같다는 말이다. 하나라면 '같을 동'자 뿐만 아니라 일이란 글자도 설 수 없다. 일은 이가 있을 때에야 비로소 설 수 있는 것이다.

그러므로 '천지가 여아동근이다' 즉 하늘과 땅이 나와 더불어 같은 뿌리라는 것은 모든 것이 한결같이 가없는 성품 자체에서 비롯되었다는 말이다.

또한 '만물이 여아일체이다' 즉 만물이 나와 더불어 한 몸이라는 말에서 일체란 하나의 몸을 말하는 것이 아니라 모든 불성이 가없는 성품 자체로 서로 상즉한 온통인 몸을 말하는 것이어서 만물이 나와 더불어 상즉한 자체를 말한 것이다.

공부를 많이 한 사람이 외도에 깊이 떨어지는 경우가 있다. 인가를 받지 못한 선지식들이 모두 체성을 보지 못한 이는 아니다. 가없는 성품 자체에 사무치고 보니 도저히 둘일 수가 없으므로 불성이 하나라고 한 것이다. 그러나 불성이 하나라고 하는 것은 바른 깨달음이 아니다. 그래서 인가를 받지 않으면 외도라 하는 것이다. 체성에 사무쳤다 해도 스승의 지도를 받아 일체종지를 이루지 못하면 이런 큰 허물을 짓는 것이다.

만약 불성이 하나라고 하는 이가 있으면 "아픈 것을 느끼는 것이 몸뚱이냐, 자성이냐?"라고 물어야 한다. 그러면 당연히 누구나 자성이라고 답할 것이다. 만약 몸뚱이가 아픔을 느끼는 것이라면 시체도 아픔을 느껴야 하기 때문이다. 이렇게 볼 때에 자성이 하나라면 누군가 아플 때 동시에 모두 아픔을 느껴야 할 것이다. 또한 한 사람이 생각을 일으킬 때 이를 모두 알아야 한다. 불성이 하나라면 마음도 하나여서 다른 마음이 있을 수 없기 때문이다.

돈오돈수

제방에 돈오돈수(頓悟頓修)에 대한 여러 가지 서로 다른 주장으로 시비가 끊어지지 않고 있다. 이로 인해 수행자들이 견성하면 더 이상 닦을 것이 없다는 그릇된 견해에 집착하거나 의심을 일으킬까 염려하여 여기에 바른 돈오돈수의 이치를 밝히고자 한다.

견성이 곧 돈오돈수라고 하는 분들이 많다.

그러나 견성이 곧 구경지인 성불이라면 돈오면 그만이지 돈수란 말은 왜 해놓았겠는가?

또한 오후보림(悟後保任)이라는 말은 무슨 말인가.

금강경에는 네 가지 상(我相, 人相, 衆生相, 壽者相)만 여의면 곧 중생이 아니라는 말이 수없이 되풀이되고 있다.

그런데 제구 일상무상분(第九 一相無相分)을 볼 때 다툼이 없는(곧 모든 상을 여읜) 삼매인(三昧人) 가운데 제일인 아라한도 구경지가 아니니 보살도를 닦아 등각을 거쳐야 구경성불인 묘각지에 이르른다는 사실을 알 수 있다.

또한, 제이십삼 정심행선분(第二十三 淨心行善分)을 보면 부처님께서 "아도 없고, 인도 없고, 중생도 없고, 수자도 없는 가운데 모든 선법(善法)을 닦아야 곧 아뇩다라삼먁삼보리를 얻는다."라고 말씀하시고 있으니 이것은 다름이 아니라 견성한 후에 견성을 한 지혜로써 항상 체성을 여의지 않고, 남은 업을 모두 닦아 본래 갖춘 지혜덕상을 원만하게 회복시켜야 구경성불할 수 있다는 말씀이다.

그렇다면 어째서 돈수일까?

'돈'이란 시공이 설 수 없는 찰나요, '수'란 시간과 공간 속에서 닦는 것이다.

단박에 마친다면 '돈'이면 그만이고, 견성 이전이든 이후든 닦음이 있다면 '수'라고만 할 것이지 어째서 돈과 수가 함께 할 수 있을까? 그야말로 물의 차고 더움은 그 물을 마셔본 자만이 알듯이 깨달은 사람만이 알 것이다.

사무쳐 깨닫고 보니 시공이 서지 않아 이러-히 닦아도 닦음이 없으니 네 가지 상이 없는 가운데 모든 선법을 닦는 것이요, 단박에 깨달으니 색공(色空)이 설 수 없어 이러-한 경지에서 닦음 없이 닦으니 네 가지 상이 없는 가운데 모든 선법을 닦는 것이다.

이와 같이 깨달아서 깨달은 바 없고, 닦아서는 닦은 바 없이 닦아, 남음이 없는 구경지인 성불에 이르는 과정을 돈오돈수라 한다.

견성하면 마음 이외의 다른 물건이 없는 경지인데 어떻게 닦음이 있을 수 있는가 하고 의심하는 분들이 많다. 그러나 견성했다 해도 헤아릴 수 없는 겁 동안에 길들여온 업으로 인하여 경계를 대하면 깨달아 사무친 바와 늘 일치하지는 못한다.

그래서 견성한 지혜로써 항상 체성을 여의지 않고 억겁에 익혀온 업을 제거하고 지혜 덕상을 원만하게 회복시켜야 구경성불할 수 있다.

이것이 앞에서 밝혔듯 금강경에서 부처님께서 하신 말씀이요, 돈오돈수를 주창한 당사자인 육조 대사님께서 하신 말씀이다.

육조단경 돈황본 이십칠 상대법편과 이십팔 참됨과 거짓을 보면 육조 대사님께서 당신의 설법언하에 대오하고도 슬하에서 3, 40년간 보림한 십대 제자들을 모아놓고 말씀하신다.

“내가 떠난 뒤에 너희들은 각각 일방의 지도자가 될 것이다. 그러므로 내가 너희들에게 설법하는 것을 가르쳐서 근본종지를 잃지 않도록 해주리라. 나오고 들어감에 곧 양변을 여의도록 하라.” 하시고 삼과(三科)의 법문과 삼십육대법(三十六對法)을 설하셨다.

뿐만 아니라 2, 3개월 후 다시 십대 제자들을 모아놓고 “8월이 되면 세상을 떠나고자 하니 너희들은 의심이 있거든 빨리 물어라. 내가 떠난 뒤에는 너희들을 가르쳐 줄 사람이 없다.” 하시며 진가동정게(眞假動靜偈)를 설하시고 외워 가져 수행하여 종지를 잃지 않도록 하라고 거듭 당부를 하시고 있다.

이것을 보아서도 이 사람이 말한 돈오돈수와 육조 대사께서 말씀하신 돈오돈수가 같다는 것을 알 수 있을 것이다.

다시 한 번 밝히자면 돈오란 자신의 체성을 단박에 깨닫는 것이요, 돈수란 깨달은 체성의 지혜로써 닦음 없이 닦는 것으로 이것이 곧 오후 보림이며, 수행자들이 퇴전하지 않고 구경성불할 수 있는 바른 수행의 길이다.

다음은 전등록 제 9권에서 추출한 것이다.

"돈오(頓悟)한 사람도 닦아야 합니까?"

"만일 참되게 깨달아 근본을 얻으면 그대가 스스로 알게 될 것이니 닦는다, 닦지 않는다 하는 것은 두 가지의 말일 뿐이다. 처음으로 발심한 사람들이 비록 인연에 따라 한 생각에 본래의 이치를 단박에 깨달았으나 아직도 비롯함이 없는 여러 겁의 습기(習氣)는 단박에 없어지지 않으므로, 그것을 깨끗이 하기 위하여 현재의 업과 의식의 흐름을 차츰차츰 없애야 하나니 이것이 닦는 것이다. 그것에 따로이 수행하게 하는 법이 있다고 말하지 마라.

들음으로 진리에 들고, 진리를 듣고 묘함이 깊어지면 마음이 스스로 두렷이 밝아져서 미혹한 경지에 머무르지 않으리라. 비록 백천 가지 묘한 이치로써 당대를 휩쓴다 하여도 이는 자리에 앉아서 옷을 입었다가 다시 벗는 것으로써 살림을 삼는 것이니, 요약해서 말하면 실제 진리의 바탕에는 한 티끌도 받아들이지 않지만 만행을 닦는 부문에서는 한 법도 버리지 않느니라. 만일 깨달았다는 생각마저 단번에 자르면 범부니 성인이니 하는 생각이 다하여, 참되고 항상한 본체가 드러나 진리와 현실이 둘이 아니어서 여여한 부처이니라."

"무엇이 돈오(頓悟)이며, 무엇을 점수(漸修)라 합니까?"

"자기의 성품이 부처와 똑같다는 것은 단박에 깨달았으나 비롯함이 없는 옛적부터의 습관은 단박에 제거할 수 없으므로 차츰 물리쳐서 성품에 따라 작용을 일으켜야 하니, 마치 사람이 밥을 먹을 때에 첫술에 배가 부르지 않는 것과 같다."

간화선인가 묵조선인가

나에게 "당신의 지도는 간화입니까, 묵조입니까?"라고 묻는 이들이 있다. 나의 지도법에는 애당초부터 간화니 묵조니 하는 것이 없다. 가없는 성품 자체로 일상을 지어가라는 말이 바로 그것을 대변해주고 있다. 묵조선과 간화선이 나뉜 것은 육조 대사 이후여서 육조 대사 당시까지만 해도 묵조선이니, 간화선이니 하여 나누지 않았다. 나는 육조 대사 당시의 법을 그대로 펴고 있는 것이다.

묵조선과 간화선은 원래 종파가 아니다. 지도받는 이의 근기에 따라 지도한 방편일 뿐이다. 들뜬 생각과 분별망상에서 이끌어내기 위한 방편으로 지도한 것이 묵조선이다. 그렇게 이끌어서 깨달아 사무치면 깨달아 사무친 경지가 일상이 되게끔 다시 이끌어 주어야 하는 것이다.

달마 대사를 묵조선이라고 하는데 중국에 오기 전 달마 대사가 육파외도(六派外道)를 조복시키는 대목을 보면 달마 대사가 묵조선이 아니라는 것이 역력히 드러난다.

다만 황제가 법문을 할 정도였던 그 시대의 교리 위주의 이론불교를 근본불교에 이르게 하기 위한 방편으로 "밖으로 반연하여 일으키는 모든 생각을 쉬고 안으로 구하는 마음마저 쉬어라."라고 가르친 것이다. 간화선도 마찬가지여서 화두라는 용광로에 일체 분별망상을 녹여 없앰으로써 밖으로 반연하여 일으키는 모든 생각을 쉬고, 안으로 구하는 마음마저 쉬게 하여 깨닫게끔 한 것이다.

즉 화두를 들어도 이런 경지에 이르러야 깨달을 수 있는 것이다. 오롯이 끊어지지 않게 화두를 들어서 오직 이러한 경지에 이르러 있다가 어떤 경계에 문득 부딪힘으로써 깨닫게 된다. 결국에는 화두인 모든 공안도리 역시 사무쳐 깨닫게 하기 위한 방편이다.

그러므로 수기설법(隨機說法)하고 응병여약(應病與藥)해야 한다. 나 역시 제자가 이러한 경지에 사무쳐 깨닫게끔 하지만, 이미 사무친 연후에는 가없는 성품 자체에 머물러 있으려고만 하지 말고, 그 경지에서 응하여 모자람 없도록 지어나가야 한다고 지도한다.

묵조나 일행삼매(一行三昧), 어느 쪽도 모든 이에게 정해 놓고 일정하게 주어서는 바른 지도가 될 수 없는 것이다. 내가 앉아서 선화할 때에는 오직 심외무물의 경지만 오롯하게끔 지으라고 지도하는 것은 어떻게 보면 묵조선이다. 그것이 가장 빨리 업을 녹이는 방법이기 때문에 그렇게 지도하는 것이다.

그러나 활동할 때는 가없는 성품 자체로 일상을 지어 가라고 지도했으니 이것은 곧 일행삼매에 이르도록 지도한 것이다. 안팎 없는 경지를 여의지 않는 것이 삼매이니, 일상생활 속에서 여의지 않는 가운데 보고 듣고, 보고 듣되 여의지 않는 그것이 일행삼매이다.

그렇다면 나는 한 사람에게 묵조선과 일행삼매를 다 가르치고 있는 것이 된다. 묵조선이라고 했지만 앉아서는 생사해탈을 위한 멸진정을 익히도록 하고, 그 외에는 다 일행삼매를 짓도록 지도하고 있는 것이어서 한편으로 멸진정을 익히는 가운데 조사선을 짓고 있는 것이다.

어떠한 약도 쓰이는 곳에 따라 좋은 약이 되기도 하고 사약이 되기도 한다. 스승이 진정 자유자재해서 제자가 머물러 있는 부분을 틔워주는 지도를 할 때 그것이 약이 되는 것이다.

그러므로 '나는 간화선만을 가르친다.' 그렇게 지도해서는 안 된다. 부처님께서도 수기설법하라 하셨다. 병을 치료해 주는 것이 약이듯 그 기틀에 맞게끔 설해 주는 것이 참 법이다.

무유정법(無有定法)이라 하지 않았는가. 그 사람의 바탕과 익힌 업력과 현재의 경지 등 모든 것을 참작해서 거기에 알맞게 베풀어 주어야 한다.

부처님의 경을 마가 설하면 마설이 되고, 마경을 부처님께서 설하시면 진리의 경전이 된다는 것도 바로 이런 데에서 하신 말씀이다.

어느 한 종에만 편승하면 안 된다. 우리는 이 속에 오종칠가(五宗七家)의 법을 다 수용해야 된다. 어느 한 법도 버릴 수 없다. 모든 근기에 알맞도록 설해 주고 이끌어 줄 수 있어야 하기 때문이다.

그래서 다만 응하여 모자람이 없이 병에 의하여 약을 줄 뿐, 정해진 법이 없어서 어느 한 법도 따로 취함이 없어야 하는 것이다.

육조 대사께 행창이 찾아와 부처님 열반경 중에서 유상(有常)과 무상(無常)을 가지고 물었을 때 행창이 무상이라 하면 육조 대사는 유상이라 하고, 행창이 유상이라 하면 육조 대사는 무상이라 했다. 왜냐하면 원래부터 무상이니 유상이니가 있을 수 없어서, 부처님께서는 다만 유상이라는 집착을 벗어나게 하기 위해 무상을 말씀하시고, 무상이라는 집착을 벗어나게 하기 위해 유상을 말씀하셨을 뿐이거늘, 행창은 열반경의 이 말씀에 묶여 있었기 때문이다.

육조 대사가 이러한 이치에 대해서 설하자 행창이 곧 깨닫고 오도송을 지어 바쳤다.

이렇게 수기설법할 때 불법이다. 수기설법하지 못하면 임제종보다 더한 것이라 해도 불법일 수 없다.

각각 사람의 근기가 다른데 어떻게 천편일률적인 방법으로 똑같이 교화할 수 있겠는가.

불교 종단은 깨달은 분에 의해 운영되어야 한다 

불교 정상의 지도자는 깨달아 일체종지를 이룬 분으로서, 어떤 이보다도 그 통달한 지혜와 덕과 복을 갖춤이 뛰어나고, 멀리 앞을 내다보는 안목을 지니고 있어야 한다. 그리고 불교 종단은 그분의 말이 법이 되어야 하고, 그분의 지시에 의해 운영되어야 한다.

당연하게 여겨져야 할 이 일이 새삼스러운 일로 여겨지는 것이야말로 크게 개탄해야 될 오늘날 불교계의 현실이다. 왜냐하면 이 일이 새삼스러워진 것만큼 부처님 당시의 법에서 그만큼 멀어졌다는 것을 의미하기 때문이다.

석가모니 부처님 생전에는 부처님 말씀 그대로가 법이었다. 그리고 부처님은 깨달음을 제1의 법으로 두셨다. 그렇기 때문에 부처님의 모든 법문을 가장 많이 알고 있는 다문제일 아난존자가 깨닫지 못했다는 이유로 부처님 열반 후, 제1차 경전 결집에 참여할 수 없었던 것이다.

이변인 법에 있어서 뿐만 아니라 사변인 승단의 행정에 있어서도 마찬가지였다. 계율을 정하고, 대중을 통솔하고, 승단을 운영하는 일까지 부처님께서 직접 지시하셨다.

모든 제자들은 부처님의 말씀을 따라 그 지시대로 한 마음, 한 뜻으로 부처님의 손발이 되었을 뿐이다. 부처님의 지시야말로 과거, 현재,

미래를 내다보는 안목의 가장 이상적인 행정이었기 때문이다.

우리나라 역시 근대에만 해도 깨달아 법력을 지닌 분이 종정을 지내셨을 때에는 그분의 말씀이 법이었고, 인가 받은 분들이 종회에 계실 때에는 그분들의 말씀을 받들어 종단의 행정이 운영되었다.

하동산 선사나 금오 선사, 효봉 선사 같은 분들이 종정이셨던 1950~60년대까지도 그러하였으니, 종정이 종단 전체의 주요 안건을 결정하는 결정권을 가지고 있었다.

종회 역시 혜암 스님, 금오 스님, 춘성 스님, 청담 스님 등 만공 선사 회상에서 인가 받은 분들이 종회에 계실 때에는 그분들의 뜻에 의거하여 종회 의원들이 승단의 일을 처리하였다.

그러므로 현재에 있어서도 만약 종회에 의해 종단이 운영되어야 한다면, 종회는 깨달아 보림한 분으로 구성되어야 한다. 그러한 종회라면 금상첨화여서 가장 훌륭한 불교 종단 운영이 될 것이다. 그러나 그것이 어려워서 깨달아 보림해서 일체종지를 통달한 분이 종정 한 분이라면, 그 한 분에 의해 모든 통솔이 이루어져야 한다. 만약 깨닫지 못한 분으로 이루어진 종회나 총무원에 의해 종단이 운영된다면, 십중팔구 그것은 진리가 아닌 세속적인 판단으로 흘러가기 때문이다.

이것은 불교 종단뿐만 아니라 한 절에 있어서도 마찬가지이다. 법이 가장 뛰어난 분으로 그 절의 운영이 이루어져야 바른 운영이 이루어진다. 그래서 선을 꽃피웠던 중국에서도 56조 석옥 청공 선사에 이르기까지 대대로 공부가 가장 많이 된 분인 조실이 주지를 겸하여 절 일을 보셨다.

조실과 주지가 다른 분이 아니었으니, 이판과 사판이 나뉘어지지 않았다.

이판을 운용하는 것이 사판이기 때문에, 이판과 사판은 본래 나뉠 수 없는 것이다. 이판에 있어서 깨달은 분이어야 하는 것처럼, 사변을 운용하고 다스리는 사판에 있어서도 다를 수 없다고 본다.

일체유심조, 마음이 세계를 빚어내듯 모든 이치를 운용하는 지혜가 있어야 사변에 있어서도 자유자재의 운영이 가능하기 때문이다.

일체 모든 진리를 설한 경전과 일체 모든 실천규범을 정한 율로 이사일치의 수행을 현실화했던 석가모니 부처님, 무위도식하거나 말로만 떠드는 수행을 경계하여 '일일부작이면 일일불식하라'는 승가의 규율을 통해 일상 그대로인 선을 꽃피우고자 했던 백장 선사, 생생히 살아 숨쉬는 불법의 역사 어디에도 이판과 사판이 나뉘었던 적은 없었다.

불법은 이름 그대로 부처님의 법이다.

부처님 당시의 법이 오늘에 되살려져, 항상한 이치가 응하여 모자람 없는 다양한 방편으로 변주되어, 만인의 삶이 불법의 가피와 축복 속에 꽃피고 열매 맺을 수 있도록, 불교 종단의 운영은 반드시 깨달아 일체종지를 통달한 분에 의해 이루어져야 한다고 본다.

조계종을 육조정맥종이라고 이름한 이유 

불법이 석가모니 부처님으로부터 28대 달마 대사에 이르러 동토에 전해지고 다시 33조인 육조 대사에 의해 가장 활발하고 왕성한 황금시대를 이루었다. 그래서 우리나라의 정통 불교 종단에 조계종이라는 이름이 붙여진 것이다. 육조 대사께서 생전에 조계산에 주하셨고, 대부분의 선사들의 호로 계신 곳의 지명이나 산 이름으로 쓰였기 때문이다.

그러므로 조계종의 조계란 육조 대사를 의미하고, 조계종이란 결국 육조 대사의 법을 의미하며 조계종단은 육조 대사의 법을 받아 이어가는 종단이다.

그러나 조계는 육조 대사께서 정식으로 스승에게 받은 호가 아니다. 호는 당호라고도 하는데, 대부분 스승이 제자를 인가하며 주는 것이다. 종사와 법을 거량하여 종사로부터 인가를 받고 입실건당의 전법식을 할 때에 당호와 가사, 장삼, 전법게 등을 받는다. 이때, 위에서 말하였듯 주로 그가 살고 있는 절 이름, 또는 지명, 그가 거처하던 집 등의 이름을 취하여 호로 삼는 경우가 많다. 그런데 육조 대사께서 조계산에 주하시기는 하였으나 스승인 오조 홍인 대사는 육조 대사에게 조계라는 호를 내린 적이 없다. 또 육조 대사 역시 생전에 조계라는 호를 쓴 적이 없다.

대부분의 사전에 육조 대사를 조계 대사라고도 한다고 되어 있는데, 이것은 후대인들이 지어 부른 것이다. 만약 '조계'를 육조 대사를 지칭하는 공식적인 명칭으로 쓴다면 이것은 후대인들이 선대의 대선사의 호를 지어 부르는 격이 되니 참으로 예에 맞지 않다고 할 것이다.

이러한 이유에서 조계종이라는 이름이 불교종단의 정식이름으로 적합하지 않다고 보았고, 또한 육조 대사의 법을 이어받아 바르게 펴는 곳이라는 의미를 담기에 가장 적당하여 육조정맥종이라 이름하였을 뿐, 수덕사 문중 전강 선사님의 인가를 받아 석가모니 부처님으로부터 근대의 대선지식인 경허, 만공, 전강 선사로 이어진 법맥을 이은 이로서 따로이 새로운 종단을 설립한 것이 아니다. 그렇기에 출가함에 있어서 불필요한 논쟁의 소지를 없애기 위해 육조정맥종이라고 이름한 이유와 스스로 한 번도 결제, 해제, 연두법어를 내리지 않았던 까닭이 따로 새로운 종단을 설립한 것이 아니었기 때문이라는 것을 밝히는 바이다.

희비송(喜悲頌)

이름도 없고 상도 없는 일 없는 사람이
태평의 노래를 흥에 취해 불렀더니
때도 없고 끝도 없는 구제의 일이
대천세계에 충만히 펼쳐졌네

無名無相無事人
太平之歌唱興醉
無時無端救濟事
大千世界布充滿

정신송(正信頌)

이름도 없고 상도 없는 이 바탕인 몸이여
이 바탕을 깨달은 믿음이라야 이 바른 믿음이라
이와 같은 믿음이 없이는 마음이 나라 말라
눈 광명이 땅에 떨어질 때 한이 만단이나 되리라

無名無相是地體
悟地之信是正信
若無是信莫心我
眼光落地恨萬端

진심송(眞心頌)

이름도 없고 상도 없는 이 진공이여
공이라는 공은 공이라 함마저도 없는 이 참 바탕이라
이와 같은 바탕이라야 이 공인 몸이니
이와 같은 몸이 아니면 참다운 마음이 아니니라

無名無相是眞空
空空無空是眞地
如是之地是空體
如是非體非眞心

업신송(業身頌)

업의 몸이란 것은 고통의 근본이요
업의 마음이란 것은 환란의 근본이니라
업의 행이란 것은 다툼의 근본이요
업의 일이란 것은 허망의 근본이니라

業身乃苦痛之本
業心乃患亂之本
業行乃鬪爭之本
業事乃虛妄之本

보림송(保任頌) 1

업의 몸을 다스리는 데는 계행이 최상이요
업의 마음을 다스리는 데는 인내가 최상이니라
계행과 인내로 잘 다스리면 보림이 순조롭고
보림이 잘 이루어지면 구경에 이르느니라

治業身之戒最上
治業心之忍最上
善治戒忍順保任
善成保任至究竟

보림송(保任頌) 2

육신의 욕망은 하나까지라도 모두 버려야 하고
육신을 향한 생각은 남음이 없이 버려야 하느니라
이와 같이 보림하면 업이 중한 사람일지라도
당생에 반드시 구경지를 성취하리라

肉身欲望捨都一
肉身向思捨無餘
如是保任重業人
當生必成究竟地

공성본질송(空性本質頌) 1

무극인 빈 성품의 본래 몸은
언어나 마음과 행위로 표현 못 하나
모든 부처님과 만물이 이로 좇아 생겼으며
궁극에 일체가 돌아가 의지할 곳이니라

無極空性之本體
言語道斷滅心行
諸佛萬物從此生
窮極一切歸依處

공성본질송(空性本質頌) 2

혼연한 빈 바탕을 이름해서 무아라 하고
무아의 다른 이름이 이 무극이니라
유정 무정이 이로 좇아 생겼으며
궁극에 일체가 돌아가 의지할 곳이니라

渾然空地名無我
無我異名是無極
有情無情從此生
窮極一切歸依處

공성본질송(空性本質頌) 3

이러-히 밝게 사무친 것을 이름해서 견성이라 하고
이 바탕에 밝게 사무쳐야 바르게 깨달은 사람이니
도를 닦는 사람은 반드시 명심해서
각자 관조하여 그릇 깨달음이 없어야 하느니라

如是明徹名見性
是地明徹正悟人
修道之人必銘心
各者觀照無非悟

명정오송(明正悟頌)

밝지도 어둡지도 않은 곳을 향해서
그윽한 본래의 바탕에 합하여야
이것을 진실한 깨달음이라 하는 것이니
그렇지 않다면 바른 깨달음이 아니니라

向不明暗處
冥合本來地
此是眞實悟
不然非正悟

무아송(無我頌)

중생들이 말하는 무아라는 것은
변하고 달라지는 나를 말하는 것이요
깨달은 사람의 무아는
변하지 않는 나를 말하는 것이다

衆生之無我
變異之言我
悟人之無我
不變之言我

태시송(太始頌)

탐착한 묘한 광명에 합한 것이 상을 이루었고
상에 집착하여 사는데서 익힌 것이 모든 업을 이루었다
업을 인해서 만반상이 생겨 나왔으며
만상으로 해서 만반법이 생겨 나왔다

貪着妙光合成相
執相生習成諸業
因業生出萬般象
萬象生出萬般法

21세기에 인류가 해야 할 일

이 사람은 1962년 26세 때부터 21세기에 인류에게 닥칠 공해문제, 에너지문제를 예견하고 대체에너지(무한원동기, 태양력, 파력, 풍력 등) 개발과 '울 안의 농법'을 연구하고 그 필요성을 많은 이들에게 이야기해 왔습니다.

당시에는 너무 시대를 앞서가는 이야기여서인지 일반인들이 수용하지 못하고 오히려 불신의 눈으로 바라보며 이 사람의 법마저 의심하였습니다. 하지만 현대에 있어서는 이것이 인류가 해결해야 할 가장 절박한 사안이 되어 있습니다.

'사막화방지 국제연대'를 설립한 것도 현재 인류가 해결해야 할 가장 절박한 지구환경문제를 이슈화시키고 그 해결책을 제시하여 재앙에 직면한 지구촌을 살리기 위해서입니다.

'사막화방지 국제연대'에서 추진하고 있는 사막화 방지, 지구 초원

화, 대체에너지 개발은 온 인류가 발 벗고 나서서 해야 할 일입니다.

첫 번째 사막화 방지에 있어서 기존에 해왔던 '나무심기 사업'은 천문학적인 예산과 많은 인력을 동원하고도 극도로 황폐한 사막화된 환경을 되살리는 데 실패하였습니다.

그래서 이 사람은 사막화 방지에 있어서는 '사막 해수로 사업'을 새로운 방안으로 제시하였습니다.

사막 해수로 사업은 사막화된 지역에 수도관을 매설하여 바닷물을 끌어들여서 염분에 강한 식물을 중심으로 자연생태계를 복원하는 사업입니다.

이것은 나무심기 사업으로 심은 나무들이 절대적으로 물이 부족하여 생존할 수 없었던 문제를 해결할 수 있는, 현재로서는 유일한 해결책입니다.

그러나 '사막화방지 국제연대'의 목적은 사막이 확장되는 것을 방지하자는 것이지 사막 전체를 완전히 없애자는 것은 아닙니다. 인체에서 심장이 모든 피를 전신의 구석구석까지 골고루 보내어 살아서 활동하게 하듯이 사막은 오히려 지구의 심장 역할을 하는 중요한 곳이기 때문입니다.

그래서 21세기에 있어서는 다만 사막의 확장을 방지할 뿐 아니라 사막을 어떻게 운용하느냐를 연구해야 합니다.

사막에 바둑판처럼 사방이 막힌 플륨관 수로를 설치하여 동, 서, 남, 북 어느 방향의 수로를 얼마만큼 채우느냐 비우느냐에 따라, 사막으로부터 사방 어느 방향으로든 거리까지 조절하여, 원하는 지역에 비를 내리게 하고 그치게 할 수 있습니다. 철저히 과학적인 데이터에 의해 이렇게 사막을 운용함으로써 21세기의 지구를 풍요로운 낙원시대로 만들어가야 합니다.

두 번째로 지구를 초원화할 수 있는 방안으로 3년간의 실험을 통해, 광활한 황무지 지역을 큰 비용을 들이거나 많은 인력을 동원하지 않고도 짧은 시간 내에 초지로 바꿀 수 있는 식물을 찾아냈습니다.

그것은 바로 '돌나물'입니다. 돌나물은 따로 종자를 심을 필요가 없이 헬리콥터나 비행기로 살포해도 생존, 번식할 수 있으며, 추위와 더위, 황폐한 땅에서도 살아남을 수 있는 생명력과 번식력이 강한 식물입니다.

지구환경을 되살리는 초지조성 사업에 있어서 이것이 큰 도움이 되리라 생각합니다.

세 번째의 대체에너지 개발에 있어서는 태양력, 파력, 풍력 등 1962년도부터 이 사람이 연구하고 얘기해왔던 방법들이 이미 많이 개발되어 실용화한 단계에 있습니다.

이 세 가지 일은 한 개인이나 한 국가가 할 수 있는 일이 아닙니다. 모든 국가가 앞장서서 전세계적인 사업으로 이루어져야 합니다. 모든 국가가 함께 하는 기금조성이 이루어져야 하고 기금조성에 참여한 국가는 이 시스템에 의한 전면적인 혜택을 입을 수 있도록 해야 합니다.

인류 모두가 지혜를 모아 이 일에 전력을 다한다면 인류는 유사 이래 가장 좋은 시절을 맞이하게 될 것이며, 만약 이 일을 남의 일인 양 외면한다면 극한의 재앙을 면할 수 없을 것입니다.

이 사람이 오래 전부터 얘기해왔던 '울 안의 농법'은 이미 미국 라스베이거스(Las Vegas)에서 30층짜리 '고층 빌딩 농장'으로 구현되었습니다. 그렇게 크게도 운영될 수 있지만 각자 자신의 집에서 이루어지는 '울 안의 농법'도 필요합니다.

21세기에 있어서 또 하나 인류가 만일의 사태를 대비해서 연구, 추진해야 될 일이 있다면 바닷속에서의 수중생활, 수중경작입니다.

지구 온난화가 심화될 경우, 공기가 너무 많이 오염될 경우, 바닷물이 높아져 살 땅이 좁아질 경우 등에 대비할 때, 인류는 우주에서의 삶보다는 바닷속에서의 삶을 준비해야 합니다. 왜냐하면 그것이 훨씬 수월하고 비용도 절감할 수 있기 때문입니다.

이렇게 깨달은 이는 이변적으로는 깨달음을 얻게 하여 영생불멸의 삶을 영위할 수 있도록 만인을 이끌어야 하며 사변적으로는 일반인이 예측할 수 없는 백 년, 천 년 앞을 내다보아 이를 미리 앞서 대비하도록 만인의 삶을 이끌어줘야 한다고 생각합니다.

불법의 뜻은 다만 진리 전수에만 있는 것이 아니니, 만인이 서로 함께 영원한 극락을 누릴 때까지 물심양면으로, 이사일여로 베풀어 교화해야 하기 때문입니다.

가슴으로 부르는 불심의 노래

여기에 실린 가사는 모두 농선 대원 선사님께서 직접 작사하신 것이다. 수행의 길로 들어서게끔 신심, 발심을 북돋아주는 가사로부터 수행의 길로 접어든 이의 구도의 몸부림이 담겨있는 가사, 대승의 원력을 발해서 교화하는 보살의 자비심과 함께 낙원세계를 누리는 풍류를 그려놓은 가사까지 한마디, 한마디가 생생하여 그 뜻이 뼛속 깊이 새겨지고 그 멋에 흠뻑 취하게 된다. 농선 대원 선사님께서는 거칠고 말초적인 요즘의 노래를 듣고 이러한 정서를 순화시키고자, 또한 수행의 마음을 진작시키고자 하는 뜻에서 이 가사들을 쓰셨다.

그래야지

1.
마음으로 물질로써
갖가지로 베푸는 것
생활화한 국민되어
이뤄내는 국가되세
그래야지 그래야지
얼씨구나 좀 더 좋다

그런 이웃 그런 나라
이뤄내서 사노라면
모든 나라 따르리니
그리되면 지상낙원
그래야지 그래야지
얼씨구나 좀 더 좋다

별중의 별 될 것이니
선조의 뜻 이룸이라
후손으로 할 일 해낸
자부심이 치솟누나
그래야지 그래야지
얼씨구나 좀 더 좋다

얼씨구야 절씨구야
좀 더 좋고 좀 더 좋다
얼씨구야 절씨구야
좀 더 좋고 좀 더 좋다

아리랑 아리랑 아라리요
아리랑 고개를 넘어간다

2.
그래야지 그래야지
혼자 삶이 아닌 세상
웬만하면 넘어가는
아량으로 살아가세
그래야지 그래야지
얼씨구나 좀 더 좋다

부딪히면 틀어져서
소통의 길 막히나니
그러므로 눈 감아줘
참는 것이 상책일세
그래야지 그래야지
얼씨구나 좀 더 좋다

걸린 생각 비워내서
한결같이 사노라면
복이되어 돌아옴을
실감할 날 있을 걸세
그래야지 그래야지
좀 더 좋고 좀 더 좋다

얼씨구야 절씨구야
좀 더 좋고 좀 더 좋다
얼씨구야 절씨구야
좀 더 좋고 좀 더 좋다

아리랑 아리랑 아라리요
아리랑 고개를 넘어간다

마음

1.
시작도 없는 마음
끝남도 없는 마음

온통으로 드러나
언제나 같이 있어

어떤 것도 가릴 수
전혀 없는 그 마음

고고하고 당당한
영원한 마음일세

아리랑 아리랑 아라리요
아리랑 고개를 넘어간다
청천 하늘에 잔별도 많고
요내 가슴에는 희망도 많다

2.
모두를 마음으로
시도를 뭐든 해봐

안되는 일 없어서
사는 데 불편없고

하고프면 하면 돼
뜻 펼치는 삶이니

즐겁고도 즐거운
누리는 삶이로세

아리랑 아리랑 아라리요
아리랑 고개를 넘어간다
청천 하늘에 잔별도 많고
요내 가슴에는 희망도 많다

사는게 아리랑 고개

1.
이 마음이 내가 되니
나고 죽음 본래 없고
이리 보고 저리 봐도
허공까지 내 몸일세
신기하고 신기하다
신기하고 신기해

이 마음이 내가 되니
안 되는 일 전혀 없어
잡된 생각 사라지고
두려움도 없어졌네
신기하고 신기하다
신기하고 신기해

이 마음이 내가 되니
끝이 없이 자유롭고
잠 못 이룬 괴로움과
공황장애 흔적 없네
신기하고 신기하다
신기하고 신기해

아리랑 아리랑
아라리요
아리랑 고개를 넘어왔다

2.
이 마음이 내가 되니
맘 먹은 일 순조롭고
살아가는 나날들이
마음광명 누림일세
신기하고 신기하다
신기하고 신기해

이 마음이 내가 되니
마음광명 누림이라
나날들이 평화롭고
자신감이 넘쳐나네
신기하고 신기하다
신기하고 신기해

이 마음이 내가 되니
대인관계 순조로와
일일마다 즐거웁고
웃음꽃이 피어나네
신기하고 신기하다
신기하고 신기해

아리랑 아리랑
아라리요
아리랑 고개를 넘어왔다

불보살의 마음

1.
자비, 그 자비는 눈물이었네
불나방이 불을 좇듯 가는 이
그래도 못 잊어서 버리지 못해
저리는 저리는 가슴, 그 가슴 안고서
눈물, 피눈물로 저리 부르네

2.
자비, 그 자비는 눈물이었네
제 살 길을 저버리는 이들을
그래도 못 잊어서 버리지 못해
저리는 저리는 가슴, 그 가슴 안고서
눈물, 피눈물로 저리 부르네

나의 노래

1.
노세 노세 봄놀이하세
대천세계 이 봄 경치
한산 습득 친구 삼아
호연지기 즐겨볼까
얼씨구나 절씨구
아니나 즐기고 무엇하리

2.
노세 노세 봄놀이하세
걸음 좇아 이른 곳곳
문수 보현 벗을 삼아
화엄광장 춤춰볼까
얼씨구나 절씨구
아니나 즐기고 무엇하리

평화로운 삶

1.
이 몸을 나로 아는
하나의 실수로서
우주가 생긴 이래

얼마나 많은 고통
겪어들 왔었던가
치떨린 일이로세

뭘 해야 그 반복을
금생에 끊어버려
그 고통 벗어날까

생각코 생각하니
그 해결 내게 있네
마음이 나 된걸세

아리랑 아리랑 아라리요
아리랑 고개를 넘어간다
청천 하늘엔 잔별도 많고
이내 가슴엔 희망도 많다

2.
마음이 내가 되면
그 어떤 것이라도
더 이상 필요찮고

마음이 내가 되면
미묘한 갖은 공덕
스스로 갖춰 있고

마음이 내가 되면
그 모든 근심 걱정
씻은 듯 사라지고

마음이 내가 되면
이 생과 저 세상이
당초에 없는 걸세

아리랑 아리랑 아라리요
아리랑 고개를 넘어간다
청천 하늘엔 잔별도 많고
이내 가슴엔 희망도 많다

3.
마음이 내가 되면
어제와 내일 일을
눈 앞 일 알 듯하고

마음이 내가 되면
신분이 관계 없이
서로가 평등하며

마음이 내가 되면
모든 일 뜻을 따라
원만히 이뤄지고

마음이 내가 되면
걸림이 없는 그 삶
저절로 이뤄지네

아리랑 아리랑 아라리요
아리랑 고개를 넘어간다
청천 하늘엔 잔별도 많고
이내 가슴엔 희망도 많다

그리운 님

환갑 진갑 다 지난 삶 살다보니
석양 노을 바라보다 텅 빈 가슴
외로움에 철이 드나 생각나는
님이시여 이 몸마저 자유롭지
못한 괴롬 닥쳐서야 님의 말씀
들려오는 철없던 삶 후회하며
외쳐 찾는 님이시여 지는 해를
붙들고서 맘이 나된 삶으로써
나고 죽는 모든 고통 없는 삶을
누리라는 그 말씀이 빛이 되어
외쳐지는 님이시여 이제라도
실천 실행 하오리다 이끌어만
주옵소서 님이시여 내 님이여

잘 사는 게 불법일세

1.
잘 사는 게 불법일세
우리 모두 관음보살 지장보살 생활 속에 모시면서
마음 비운 나날들로 바른 삶을 하노라면
불보살님 가피 속에 뜻 이뤄서 꽃을 피운
그런 날이 있을 걸세

2.
잘 사는 게 불법일세
우리 모두 관음보살 지장보살 생활 속에 모시면서
마음 비워 살아가며 시시때때 잊지 않고
참나 찾아 참구하는 그 정성도 함께하면
좋은 소식 있을 걸세

3.
잘 사는 게 불법일세
우리 모두 관음보살 지장보살 생활 속에 모시면서
틈틈으로 회광반조 사색으로 참나 깨쳐
화장세계 장엄하고 얼쉬얼쉬 어울리며
영원토록 웃고 사세

선 승

토함산 소나무 위에
달빛도 조는데
단잠을 잊은 채
장승처럼 앉아있는
깊은 밤 선승의
그윽한 눈빛
고요마저 서지
못한 선정이라
대천도 흔적 없고
허공계도 머물 수 없는
수정 같은 광명이여,
화엄의 세계로세

우리 모두

우리 모두 만난 인생 즐겁게 살자
부딪치는 세상만사 웃으며 하자
인연으로 어우러진 세상사이니
풀어가는 삶이어야 하지 않겠니

몸종 노릇 하는 사이 맘 챙겨 살자
맑고 맑은 가을 허공 그렇게 비워
명상으로 정신세계 사무쳐보자
언젠가는 깨쳐 웃는 그날이 오리

한산 습득 껄껄 웃는 그러한 웃음
웃어가며 모든 일을 대하는 날로
활짝 펼쳐 어우러진 그러한 삶을
우리 모두 발원하며 즐겁게 살자

도서출판 문젠(Moonzen Press)의 책들

출간 도서

바로보인 전등록 전 5권
바로보인 무문관
바로보인 벽암록
바로보인 천부경 · 교화경 · 치화경
바로보인 금강경
세월을 북채로 세상을 북삼아
영원한 현실
바로보인 신심명
바로보인 환단고기 전 5권
바로보인 선문염송 전 30권
앞뜰에 국화꽃 곱고 북산에 첫눈 희다
바로보인 증도가
바로보인 반야심경
선을 묻는 그대에게 1 · 2
바로보인 선가귀감
바로보인 법융선사 심명
주머니 속의 심경
바로보인 법성게
달다 -전강 대선사 법어집
기우목동가
초발심자경문
방거사어록
실증설

하택신회대사 현종기
불조정맥 - 한 · 영 · 중 3개국어판
바른 불자가 됩시다
누구나 궁금한 33가지
108진참회문 - 한 · 영 · 중 3개국어판
달마의 일할도 허락지 않는다
마음대로 앉아 죽고 서서 죽고
화두 3개국어판 - 한 · 영 · 중
바로보인 간당론
완전한 우리말 불공예식법
바로보인 유마경
실증설 5개국어판 - 한 · 영 · 불 · 서 · 중
누구나 궁금한 33가지 3개국어판
- 한 · 영 · 중
달마의 일할도 허락지 않는다
3개국어판 - 한 · 영 · 중
법성게 3개국어판 - 한 · 영 · 중
정법의 원류
바로보인 도가귀감
바로보인 유가귀감
화엄경 81권
바로보인 전등록 전 30권

출간예정 도서

바로보인 능엄경 제6권
바로보인 원각경
바로보인 육조단경
바로보인 대전화상주 심경
바로보인 위앙록
해동전등록 전 10권
말 밖의 말
언어의 향기
농선 대원 선사 선송집

진리와 과학의 만남
바로보인 5대 종교
금강경 야부송과 대원선사 토끼뿔
선재동자 참알 오십삼선지식
경봉선사 혜암선사 법을 들어 설하다
십현담 주해
불교대전
태고보우선사 어록

1. 바로보인 전등록 (전30권을 5권으로)

7불과 역대 조사의 말씀이 1,700공안으로 집대성되어 있는 선종 최고의 고전으로, 깨달음의 정수가 살아 숨쉬도록 새롭게 번역되었다.
464, 464, 472, 448, 432쪽.
각권 18,000원

2. 바로보인 무문관

황룡 무문 혜개 선사가 저술한 공안집으로 전등록, 선문염송, 벽암록 등과 함께 손꼽히는 선문의 명저이다.
본칙 48개와 무문 선사의 평창과 송, 여기에 역저자인 대원선사의 도움말과 시송으로 생명과 같은 선문의 진수를 맛보여 주고 있다.
272쪽. 12,000원

3. 바로보인 벽암록

설두 선사의 설두송고를 원오 극근 선사가 수행자에게 제창한 것이 벽암록이다.
이 책은 본칙과 설두 선사의 송, 대원선사의 도움말과 시송으로 이루어져, 벽암록을 오늘에 맞게 바로 보이고 있다.
456쪽. 15,000원

4. 바로보인 천부경

우리 민족 최고(最古)의 경전 천부경을 깨달음의 책으로 새롭게 바로 보였다. 이 책에는 81권의 화엄경을 81자에 함축한 듯한 천부경과, 교화경, 치화경의 내용이 함께 담겨 있으며, 역저자인 대원선사가 도움말, 토끼뿔, 거북털 등으로 손쉽게 닦아 증득하는 문을 열어 놓고 있다.
432쪽. 15,000원

5. 바로보인 금강경

대원선사의 『바로보인 금강경』은 국내 최초로 독창적인 과목을 내어 부처님과 수보리 존자의 대화 이면의 숨은 뜻을 드러내고, 자문과 시송으로 본문의 핵심을 꿰뚫어 밝혀, 금강경 전체를 손바닥 안의 겨자씨를 보듯 설파하고 있다.
488쪽. 15,000원

6. 세월을 북채로 세상을 북삼아

대원선사의 선시가 담긴 선시화집 『세월을 북채로 세상을 북삼아』는 선과 시와 그림이 정상에서 만나 어우러진 한바탕이다.
선의 세계를 누리는 불가사의한 일상의 노래, 법열의 환희로 취한 어깨춤과 같은 선시가 생생하고 눈부시게 내면의 소리로 흐른다.
180쪽. 15,000원

7. 영원한 현실

애매모호한 구석이 없이 밝고 명쾌하여, 너무도 분명함에 오히려 그 깊이를 헤아리기 어려운, 대원선사의 주옥같은 법문을 모아 놓은 법문집이다.
400쪽. 15,000원

8. 바로보인 신심명

신심명은 양끝을 들어 양끝을 쓸어버리는, 40대치법으로 이루어진, 3조 승찬 대사의 게송이다. 이를 대원선사가 바로 번역하는 것은 물론, 주해, 게송, 법문을 더해 통쾌하게 회통하고 자유자재 농한 것이 이 『바로보인 신심명』이다.
296쪽. 10,000원

9. 바로보인 환단고기 (전5권)

『바로보인 환단고기』 1권은 민족정신의 정수인 환단고기의 진리를 총정리하여 출간하였다. 2권에는 역사총론과 태초에서 배달국까지 역사가 실려 있으며, 3권은 단군조선, 4권은 북부여에서부터 고려까지의 역사가 실려 있다. 5권에는 역사를 증명하는 부록과 함께 환단고기 원문을 실었다. 344 · 368 · 264 · 352 · 344쪽. 각권 12,000원

10. 바로보인 선문염송 (전30권)

선문염송은 세계최대의 공안집이다. 전 공안을 망라하다시피 했기에 불조의 법 쓰는 바를 손바닥 들여다보듯 하지 않고는 제대로 번역할 수 없다. 대원선사는 전 공안을 바로 참구할 수 있게끔 번역하고 각 칙마다 일러보였다. 352 368 344 352 360 360 400 440 376 392 384 428 410 380 368 434 400 404 406 440 424 460 472 456 504 528 488 488 480 512쪽. 각권 15,000원

11. 앞뜰에 국화꽃 곱고 북산에 첫눈 희다

대원선사의 선문답집으로 전강 · 경봉 · 숭산 · 묵산 선사와의 명쾌한 문답을 실었으며, 중앙일보의 〈한국불교의 큰스님 선문답〉 열 분의 기사와 기자의 질문에 대한 대원선사의 별답을 함께 실었다.
200쪽. 5,000원

12. 바로보인 증도가

선종사에 사라지지 않을 발자취로 남은 영가 선사의 증도가를 대원선사가 번역하고 법문과 송을 더하였다.
자비의 방편인 증도가의 말씀을 하나하나 쳐가는 선사의 일갈이야말로 영가 선사의 본 의중과 일치하여 부합하는 것이라 아니할 수 없다.
376쪽. 10,000원

13. 바로보인 반야심경

이 시대의 야부(冶父)선사, 대원선사가 최초로 반야심경에 과목을 붙여 반야심경 내면에 흐르는 뜻을 밀밀하게 밝혀놓고 거침없는 송으로 들어보였다.
264쪽. 10,000원

14. 선(禪)을 묻는 그대에게 (전10권 중 2권)

대원선사의 선수행에 대한 문답집.
깨달아 사무친 경지에 대한 밀밀한 점검과, 오후보림에 대한 구체적인 수행법 제시와, 최초의 무명과 우주생성의 원리까지 낱낱이 설한 법문이 담겨 있다.
280쪽, 272쪽. 각권 15,000원

15. 바로보인 선가귀감

선가귀감은 깨닫고 닦아가는 비법이 고스란히 전수되어 있는 선가의 거울이라 할 만하다. 더욱이 바로보인 선가귀감은 매 소절마다 대원선사의 시송이 화살을 과녁에 적중시키듯 역대 조사와 서산대사의 의중을 꿰뚫어 보석처럼 빛나고 있다.
352쪽. 15,000원

16. 바로보인 법융선사 심명

심명 99절의 한 소절, 한 소절이 이름 그대로 마음에 새겨두어야 할 자비광명들이다.
이 심명은 언어와 문자이면서 언어와 문자를 초월한 일상을 영위하게 하는 주옥같은 법문이다.
278쪽. 12,000원

17. 주머니 속의 심경

반야심경은 부처님이 설하신 경 중에서도 절제된 경으로 으뜸가는 경이다. 대원선사의 선송(禪頌)도 그 뜻을 따라 간략하나 선의 풍미를 한껏 담고 있다. 하루에 한 소절씩을 읽고 참구한다면 선 수행의 지름길이 될 것이다.

84쪽. 5,000원

18. 바로보인 법성게

법성게는 한마디로 화엄경의 핵심부를 온통 훤출히 드러내놓은 게송이다. 짧은 글 속에 일체의 법을 이렇게 통렬하게 담아놓은 법문도 드물 것이다.

이렇게 함축된 법성게 법문을 대원선사가 속속들이 밀밀하게 설해놓았다.

176쪽. 10,000원

19. 달다 - 전강 대선사 법어집

이제는 전설이 된 한국 근대선의 거목인 전강 선사님의 최상승법과 예리한 지혜, 선기로 넘쳤던 삶이 생생하게 담겨 있는 전강 대선사 법어집 〈달다〉!

전강 대선사님의 인가 제자인 대원선사가 전강 대선사님의 법거량과 법문, 일화를 재조명하여 보였다.

368쪽. 15,000원

20. 기우목동가

그 뜻이 심오하여 번역하기 어려웠던 말계 지은 선사의 기우목동가!

대원선사가 바른 뜻이 드러나도록 번역하고, 간결한 결문과 주옥같은 선송으로 다시 보였다.

146쪽. 10,000원

21. 초발심자경문

이 초발심자경문은 한문을 새기는 힘인 문리를 터득하게 하기 위하여 일부러 의역하지 않고 직역하였다.
대원선사의 살아있는 수행지침도 실려 있다.
266쪽. 10,000원

22. 방거사어록

방거사어록은 선의 일상, 선의 누림을 보여주는 대표적인 선문이다. 역저자인 대원선사는 방거사어록의 문답을 '본연의 바탕에서 꽃피우는 일상의 함'이라 말하고 있다. 법의 흔적마저 없는 문답의 경지를 온전하게 드러내 놓은 번역과, 방거사와 호흡을 함께 하는 듯한 '토끼뿔'이 실려 있다.
306쪽. 15,000원

23. 실증설

이 책은 대원선사가 2010년 2월 14일 구정을 맞이하여 불자들에게 불법의 참뜻을 보이기 위해 홀연히 펜을 들어 일시에 써내려간 법문을 모태로 하였다. 실증한 이가 아니고는 설파할 수 없는 성품의 이치를 자문자답과 사제간의 문답을 통해 1, 2, 3부로 나눠 실증하여 보이고 있다.
224쪽. 10,000원

24. 하택신회대사 현종기

육조대사의 법이 중국천하에 우뚝하도록 한 장본인, 하택신회대사의 현종기. 세간에 지해종도(知解宗徒)로 알려져 있는 편견을 불식시키는 뛰어난 깨달음의 경지가 여기에 담겨있다. 대원선사가 하택신회대사의 실경지를 드러내고 바로보임으로써 빛냈다.
232쪽. 10,000원

25. 불조정맥 - 韓 · 英 · 中 3개국어판

석가모니불로부터 현 78대에 이르기까지 불조정맥진영(佛祖正脈眞影)과 정맥전법게(正脈傳法偈)를 온전하게 갖춘 최초의 불조정맥서. 대원선사가 다년간 수집, 정리하여 기도와 관조 끝에 완성한 『불조정맥』을 3개국어로 완역하였다.
216쪽. 20,000원

26. 바른 불자가 됩시다

참된 발심을 하여 바른 신앙, 바른 수행을 하고자 해도, 그 기준을 알지 못해 방황하는 불자님들을 위해 불법의 바른 길잡이 역할을 하도록 대원선사가 집필하여 출간하였다.
162쪽. 10,000원

27. 누구나 궁금한 33가지

21세기의 인류를 위해 모든 이들이 가장 어렵고 궁금해 하는 문제, 삶과 죽음, 종교와 진리에 대한 바른 지표를 제시하고자 대원선사가 집필하여 출간하였다.
180쪽. 10,000원

28. 108진참회문 - 韓 · 英 · 中 3개국어판

전생의 모든 악연들이 사라져 장애가 없어지고, 소망하는 삶을 살게 하기 위해 대원선사가 10계를 위주로 구성한 108 항목의 참회문이다. 한 대목마다 1배를 하여 108배를 실천할 것을 권한다.
170쪽. 15,000원

29. 달마의 일할도 허락지 않는다

대원선사의 짧고 명쾌한 법문집.
책을 잡는 순간 달마의 일할도 허락지 않는 선기와 맞닥뜨리게 될 것이다. 때로는 하늘을 찌를 듯한 기세와, 때로는 흔적 없는 공기와도 같은 향기를 일별하기를…
190쪽. 10,000원

30. 마음대로 앉아 죽고 서서 죽고

생사를 자재한 분들의 앉아서 열반하고 서서 열반한 내력은 물론 그분들의 생애와 법까지 일목요연하게 수록해놓았다.
446쪽. 15,000원

31. 화두 3개국어판 - 韓 · 英 · 中

『화두』는 대원선사의 평생 선문답의 결정판이다. 생생하게 살아있는 선(禪)을 한 · 영 · 중 3개국어로 만날 수 있다. 특히 대원선사의 짧은 일대기가 실려 있어 그 선풍을 음미하는 데에 큰 도움을 주고 있다.
440쪽. 15,000원

32. 바로보인 간당론

법문하는 이가 법리를 모르고 주장자를 치는 것을 눈먼 주장자라 한다. 법좌에 올라 주장자 쓰는 이들을 위해서 대원선사가 간당론에서 선리(禪理)만을 취하여 『바로보인 간당론』을 출간하였다.
218쪽. 20,000원

33. 완전한 우리말 불공예식법

부처님께 공양을 올리고 불보살님의 가피를 구하는 예법 등을 총칭하여 불공예식법이라 한다. 대원선사가 이러한 불공예식의 본뜻을 살려서 완전한 우리말본 불공예식법을 출간하였다.
456쪽. 38,000원

34. 바로보인 유마경

유마경은 불법의 최정점을 찍는 경전이라 할 것이니, 불보살님이 교화하는 경지에서의 깨달음의 실경과 신통자재한 방편행을 보여주는 최상승 경전이다. 대원선사가 〈대원선사 토끼뿔〉로 이 유마경에 걸맞는 최상승법을 이 시대에 다시금 드날렸다.
568쪽. 20,000원

35. 실증설
5개국어판 - 韓・英・佛・西・中

대원선사가 불법의 참뜻을 보이기 위해 홀연히 펜을 들어 일시에 써내려간 실증설! 실증한 이가 아니고는 설파할 수 없는 도리로 가득한 이 책이 드디어 영어, 불어, 스페인어, 중국어를 더하여 5개국어로 편찬되었다.
860쪽. 25,000원

36. 누구나 궁금한 33가지
3개국어판 - 韓・英・中

누구라도 풀어야 할 숙제인 33가지의 의문에 대한 답을 21세기의 현대인에게 맞는 비유와 언어로 되살린 『누구나 궁금한 33가지』가 한글, 영어, 중국어 3개국어로 출간되었다.
408쪽. 15,000원

37. 달마의 일할도 허락지 않는다 3개국어판 - 韓·英·中

대원선사의 짧고 명쾌한 법문집인 『달마의 일할도 허락지 않는다』가 한글, 영어, 중국어 3개국어로 출간되었다. 전세계에서 유일하게 활선의 가풍이 이어지고 있는 한국, 그 가운데에서도 불조의 정맥을 이은 대원선사가 살활자재한 법문을 세계로 전하고 있는 책이다.
308쪽. 15,000원

38. 화엄경 (전81권)

대원선사는 선문염송 30권, 전등록 30권을 모두 역해하여 세계 최초로 1,463칙 전 공안에 착어하였다. 이러한 안목으로 대천세계를 손바닥의 겨자씨 들여다보듯 하신 불보살님들의 지혜와 신통으로 누리는 불가사의한 화엄세계를 열어 보였다.
220쪽. 각권 15,000원

39. 법성게 3개국어판 - 韓·英·中

법성게는 한마디로 화엄경의 핵심부를 훤출히 드러내놓은 게송으로 짧은 글 속에 일체 법을 고스란히 담아놓았다. 대원선사의 통쾌한 법성게 법문이 한영중 3개국어로 출간되었다.
376쪽. 15,000원

40. 정법의 원류

『정법의 원류』는 불조정맥을 이은 정맥선원의 소개서이다. 정맥선원은 불조정맥 제77조 조계종 전강 대선사의 인가 제자인 대원 전법선사가 주재하는 도량이다. 『정법의 원류』를 통해 정맥선원 대원선사의 정맥을 이은 법과 지도방편을 만날 수 있다.
444쪽. 20,000원

41. 바로보인 도가귀감

도가귀감은, 온통인 마음〔一物〕을 밝혀 회복함으로써, 생사를 비롯한 모든 아픔과 고를 여의어, 뜻과 같이 누려서 살게 하고자 한 도교의 뜻을, 서산대사가 밝혀놓은 책이다. 대원선사가 부록으로 도덕경의 중대한 대목을 더하고, 그 대목대목마다 결문(決文)하였다.
218쪽. 12,000원

42. 바로보인 유가귀감

유가귀감은 서산대사가 간추려놓은 구절로서, 간결하지만 심오하기 그지없으니, 간략한 구절 속에서 유교사상을 미루어볼 수 있게 하였다. 대원선사가 그 뜻이 잘 드러나게 번역하고 그 대목대목마다 결문(決文)하였다.
236쪽. 15,000원

43. 바로보인 전등록 (전30권)

7불로부터 52세대까지 1,701명 선지식의 깨달음의 진수가 담긴 전등록 30권에 농선 대원 선사가 선리(禪理)의 토끼뿔을 더해 닦아 증득하는데 도움이 되도록 하였다.
288쪽. 각권 15,000원

농선 대원 선사 법문 mp3 주문 판매

* 천부경 : 15,000원
* 신심명 : 30,000원
* 현종기 : 65,000원
* 기우목동가 : 75,000원
* 반야심경 : 1회당 5,000원 (총 32회)
* 선가귀감 : 1회당 5,000원 (총 80회)
* 금강경 : 40,000원
* 법성게 : 10,000원
* 법융선사 심명 : 100,000원

농선 대원 선사 작사 CD 주문 판매

* 가슴으로 부르는 불심의 노래 1,2,3집 각 : 1만 5천원
* 유튜브에서 채널 구독하시고 무료로 찬불가 앨범을 감상하세요

주문 문의 ☎ 031-534-3373

유튜브에서 채널 구독하시고
무료로 찬불가 앨범을 감상하세요

유튜브에서 MOONZEN을 검색하시거나
아래의 주소로 접속해주세요

http://www.youtube.com/user/officialMOONZEN